英汉汉英词典

ENGLISH-CHINESE
CHINESE-ENGLISH DICTIONARY

最新 权威 名家 实用

最新版 NEW EDITION

四川辞书出版社

- 四川省2021—2022年度重点图书出版规划项目
- 四川出版发展公益基金会资助项目
- 中国会馆建筑遗产研究丛书

安徽会馆

赵逵　安琪 ◎ 著

西南交通大学出版社
·成都·

图书在版编目（CIP）数据

安徽会馆 / 赵逵，安琪著. -- 成都：西南交通大学出版社，2025.1

ISBN 978-7-5643-9747-0

Ⅰ. ①安… Ⅱ. ①赵… ②安… Ⅲ. ①会馆公所-研究-安徽 Ⅳ. ①K928.71

中国国家版本馆 CIP 数据核字（2024）第 029548 号

Anhui Huiguan
安徽会馆

赵　逵　安　琪　著

策划编辑	赵玉婷
责任编辑	杨　勇
责任校对	左凌涛
封面设计	曹天擎

出版发行　西南交通大学出版社
　　　　　（四川省成都市金牛区二环路北一段 111 号
　　　　　西南交通大学创新大厦 21 楼）
邮政编码　610031
营销部电话　028-87600564　028-87600533
审图号　GS 川（2024）282 号
网址　https://www.xnjdcbs.com
印刷　四川玖艺呈现印刷有限公司

成品尺寸　170 mm × 240 mm
印张　13.75
字数　191 千
版次　2025 年 1 月第 1 版
印次　2025 年 1 月第 1 次
定价　96.00 元
书号　ISBN 978-7-5643-9747-0

图书如有印装质量问题　本社负责退换
版权所有　盗版必究　举报电话：028-87600562

总序

明清至民国，在中国大地甚至海外，建造了大量精美绝伦的会馆。中国会馆之美，不仅有雕梁画栋之美，而且有其背后关于历史、地理、人文、交通、移民构成的商业交流、文化交流的内在关联之美，这也是一种蕴藏在会馆美之中的神奇而有趣的美。明清会馆到明中晚期才开始出现，这个时候在史学界被认为是中国资本主义萌芽、真正的商业发展时期，到了民国，会馆就逐渐消亡了，所以我们现在看到的会馆都是晚清民国留下来的，现在各地驻京办事处、驻汉办事处，就带有一点过去会馆的性质。

会馆是由同类型的人在交流的过程当中修建的建筑：比如"江西填湖广、湖广填四川"大移民中修建的会馆，即"移民会馆"；比如去远方做生意的同类商人也会建"商人会馆"或"行业会馆"，像船帮会馆，就是船帮在长途航行时在其经常聚集的地方建造的祭拜行业保护神的会馆，而由于在不同流域有不同的保护神，所以船帮会馆也有很多名称，如水府庙、杨泗庙、王爷庙等。会馆的主要功能是有助于"某类人聚集在一起，对外展现实力，对内切磋技艺，联络感情"，它往往又以宫堂庙宇中神祇的名义出现。湖广人到外省建的会馆就叫禹王宫，江西人建万寿宫，福建人建天后宫，山陕人建关帝庙，等等。

很多人会问:"会馆为什么在明清时候出现?到了民国的时候就慢慢地消失了?"其实在现代交通没有出现的时候,如没有大规模的人去外地,则零星的人就建不起会馆;而在交通非常通畅的时候,比如铁路出现以后,大规模的人远行又可以很快回来,会馆也没有存在的必要。只有当大规模人口流动出现,且流动时间很长,数个月、半年或更久才能来回一趟,则在外地的人就会有思乡之情,由此老乡之间的互相帮助才会显现,同行业的人跟其他行业争斗、分配利益,需要扎堆拧成绳的愿望才会更强。明清时期,在商业群体中,商业纷争很大程度上是通过会馆、公所来解决的,因此在业缘型聚落里,会馆起着管理社会秩序的重要作用。同时,会馆还会具备一些与个人日常生活相关的社会功能,比如:有的会馆有专门的丧房、停尸房,因过去客死外地的人都要把遗体运回故乡,所以会先把遗体寄存在其同乡会馆里,待条件具备的时候再运回故乡安葬;也有一些客死之人遗体无法回乡,便由其同乡会馆统一建造"义冢",即同乡坟墓,这在福建会馆、广东会馆中尤为普遍。

会馆还有一个重要功能即"酬神娱人",所有会馆都以同一个神的名义把这些人们聚集在一起。在古代,聚集这些人的活动主要是唱大戏,演戏的目的是酬神,同时用酬神的方式来娱乐众生。商人们为了表现自己的实力,在戏楼建设方面不遗余力,谁家唱的戏大、唱的戏多,谁就更有实力,更容易在商业竞争中胜出。所以戏楼在古代会馆中颇为重要,比如湖广会馆现在依然是北京一个很重要的交流、唱戏和吃饭的戏窝子。中国过去有三个很重要的戏楼会馆:北京的湖广会馆、天津的广东会馆、武汉的山陕会馆。京剧的创始人之一谭鑫培去北京的时候,主要就在北京的湖广会馆唱戏,孙中山还曾在这里演讲,国民党的成立大会就在这里召开。如今北京湖广会馆仍然保存下来一个20多米跨度的木结构大戏楼。这么大的跨度现在用钢筋混凝土也不容易建起来，在清中期做大跨度木结构就更难了。天津的广东会馆也有一个20多米大跨度的戏楼，近代革命家如孙中山、黄兴等，都曾选择这里做演讲，现在这里成为戏剧博物馆，每天仍有戏曲在上演。武汉的山陕会馆只剩下一张老照片，现在武汉园博园门口复建了一个山陕会馆，但跟当年山陕会馆的规模不可同日而语。《汉口竹枝词》对山陕会馆有这么一些描述："各帮台戏早标红，探戏闲人信息通"，意思是戏还没开始，各帮台戏就已经标红、已经满座了，而路上全是在互相打听那边的戏是什么样儿的人；"路上更逢烟桌子，但随他去不愁空"，即路上摆着供人喝茶、抽烟的桌子，人们坐在那儿聊天，因为人很多，所以不用担心人员流动会导致沿途摆的茶位放空。现今三大会馆的两个还在，只可惜汉口的山陕会馆已经消失了。

从会馆祭拜的神祇也能看出不同地域文化的特点。

湖广移民会馆叫"禹王宫"，为什么祭拜大禹？其实这跟中国在明清之际出现"江西填湖广，湖广填四川"的大移民活动有关，也跟当时湖广地区(湖南、湖北）的治水历史密切相关。"湖广"为"湖泽广大之地"，古代曾有"云梦泽"存在，湖南、湖北是在晚近的历史时段才慢慢分开。我们现今可以从古地图上看出古人的地理逻辑：所有流入洞庭湖或"云梦泽"的水所覆盖的地方就叫湖广省，所有流入鄱阳湖的水所覆盖的地方就叫江西省，所有流入四川盆地的水所覆盖的地方就叫四川省。湖广盆地的水可以通过许多源头、数千条河流进来，却只有一条河可以流出去，这条河就是长江。由于水利技术的发展，现在的长江全线都有高高的堤坝，形成固定的河道，而在没有建成堤坝的古代，一旦下起大雨来，我们不难想象湖广盆地成为泽国的样子。唐代诗人孟浩然写过一首诗《望洞庭湖赠张丞相》，对此做了非常形象的描绘："八月湖水平，涵虚混太清"——八月下起大雨的时候，所有的水都汇集到湖广盆地，形成了一片大的水泽，连河道都看不清了，陆地和河流混杂在一起，天地不分；"气蒸云梦泽，波撼岳阳城"——此时云梦泽的水汽蒸腾，凶猛的波涛似乎能撼动岳阳城，这也说明云梦泽和洞庭湖已连在了一起；"欲济无舟楫，端居耻圣明"——因为看不清河道，船只也没有了，做不了事情只能等待，内心感到一些惭愧；"坐观垂钓者，徒有羡鱼情"——坐观垂钓的人，羡慕他们能够钓到鱼。这首唐诗说明，到唐代时江汉平原、湖广盆地的云梦泽和洞庭湖仍能连成一片，这就阻碍了这一地区大规模的人口流动，会馆也就不会出现。而到了明清，治水能力有了大幅提升，水利设施建设不断完备，江、汉等河流体系得到比较有效的管理，使得湖广盆地不会再出现唐代那样的泽国情形，大量耕地被开垦出来，移民被吸引而来，城市群也发展起来，其中最具代表性的就是"因水而兴"的汉口。明朝时汉口还只是一个小镇，因为在当时汉口并不是汉水进入长江的唯一入江口。而到了清中晚期，大量历史地图显示，在汉水和长江上已经修建了许多堤坝和闸口，它们使得一些小河中的水不能自由进入汉水和长江里。当涨水时，水闸要放下来，让长江、汉水形成悬河。久而久之，这些闸口就把这些小河进入长江和汉水的河道堵住了，航路也被切断，汉口成了我们今天能看到的汉水唯一的入江口，从而成为中部水运交通最发达的城市。由于深得水利之惠，湖广移民在外地建造的会馆就祭拜治水有功的大禹，会馆的名字就叫"禹王宫"，在重庆的湖广会馆禹王宫现在还是移民博物馆。同样，"湖广填四川"后的四川会馆也祭拜治水有功的李冰父子。

福建会馆为什么叫"天后宫"？福建会馆是所有会馆中在海外留存最多的，国外有华人聚集的地方一般就有天后宫，尤其在东南亚国家更是多不胜数。祭拜天后主要是因为福建是一个海洋性的省，省内所有河流都发源于省内的山脉，并从自己的地界流到大海里面。要知道天后也就是妈祖，是传说中掌管海上航运的女神。天后原名林默娘，被一次又一次册封，最后成了天妃、天后。天后出生于莆田的湄洲岛，全世界的华人特别是东南亚华人，在每年天后的祭日时就会到湄洲岛祭拜。在莆田甚至还有一个林默娘的父母殿。福建会馆的格局除了传统的山门戏台，还在后面设有专门的寝殿、梳妆楼，甚至父母殿，显示出女神祭拜独有的特征。另外在建筑立面上可以看到花花绿绿的剪瓷和飞檐翘角，无不体现出女神建筑的感觉。包括四爪盘龙柱也可以用在女神祭拜上，而祭男神则是不可能做盘龙柱的。最特别的是湖南芷江天后宫，芷江现在的知名度不高，但以前却是汉人进入西部土家族、苗族聚居区一个很重要的地方。芷江天后宫的石雕十分精美，在山门两侧有武汉三镇和洛阳桥的石雕图案。现在的当地居民都已不知道这里为何会出现这样的石雕图案。武汉三镇石雕图案真实反映了汉口、黄鹤楼、南岸嘴等武汉风物，能跟清代武汉三镇的地图对应起来。洛阳桥位于泉州，泉州又是海上丝绸之路的出发点。当时福建的商人正是从泉州洛阳桥出发，然后从长江口进入洞庭湖，再由洞庭湖的水系进入湖南湘西。这就可以解释为什么芷江的天后宫有武汉三镇和洛阳桥的石雕图案，它们从侧面反映出芷江以前是商业兴旺、各地人口汇聚的区域中心。根据以上可以看出，福建天后宫分布最广的地段一个是海岸线沿线地区，另一个是长江及其支流沿线地区。

总的来说，从不同省的会馆特点以及祭拜的神祇就可以看出该地区的历史文化、山川河流以及古代交通状况。

中国最华丽的会馆类型是山陕会馆。中国历史上有"十大商帮"的说法，其中哪个商帮的经济实力最强见仁见智，但就现存会馆建筑来看，由山陕商帮建造的山陕会馆无疑最为华丽，反映出山陕商帮的经济实力超群。为什么山陕商帮有如此超群的经济实力？山陕商帮的会馆有个共同的名字：关帝庙，即祭拜关羽的地方。很多人说是因为关羽讲义气，山陕商人做生意也注重讲义气，所以才选择祭拜他。但讲义气的神灵也很多，山陕商人单单选关羽来祭拜还有更深层的含义。山陕商人是因为开中制才真正发家的。开中制是明清政府实行的以盐为中介，招募商人输纳军粮、马匹等物资的制度。其中盐是最重要的因素，以盐中茶、以盐中铁、以盐中布、以盐中马，所有东西都是以盐来置换。盐是一种很独特的商品，人离不开盐，如果长期不吃盐的话人就会有生命危险。但盐的产地是很有限的，大多是海边，除了边疆，内地特别是中原地区只有山西运城解州的盐湖，这里生产的食盐主要供应山西、陕西、河南居民食用，也是北宋及以前历代皇家盐场所在。关羽的老家就在这个盐湖边上，其生平事迹和民间传说都与盐有关。所以，山陕商人祭拜关羽一是因为他讲义气，二是因为关羽象征着运城盐湖。山陕会馆的标配是大门口的两根大铁旗杆子，这与山西太原铁是当时最好的铁有关，唐诗"并刀如水"形容的就是太原铁做的刀，而山西潞泽商帮也是因运铁而出名的商帮。古代曾实行"盐铁专卖"，这两大利润最高的商品都跟山陕商帮有关，所以他们积累下巨额财富，而这些在山陕会馆的建筑上也都有体现。

  会馆这种独特的建筑类型，不仅是中国古代优秀传统建造技艺的结晶，更是历史的见证。它记录了明清时期中国城市商业的繁荣、地域经济的兴衰、交通格局的变化以及文化交流的加强过程。我们不能仅从现代的视角去看待这些历史建筑，而应该置身于古代的地理环境和人文背景下，理解古人的行为和思想。对会馆的深入研究可能会给明清建筑风格衍化、传统技艺传承机制、古代乡村社会治理方式等的研究，提供新视角。

2024年6月写于赵逵工作室

前言

东南邹鲁，程朱故里。安徽有数不胜数的人类活动遗迹以及名胜古迹，无论在地理、政治、经济还是文化上，其重要性都不言而喻。安徽籍同乡互敬互助，团结一心，在各地留下了属于自己地缘印迹的安徽会馆。

本书中对于安徽会馆的定义是包含会馆、公所、书院、祠堂、军馆等安徽人兴建的一系列具有联系乡情、商讨事宜、承办活动、祭祀先贤等作用的建筑，大多以建筑群的形式存在。

历史上曾对安徽会馆有所贡献的人数不胜数，本书将其整理为安徽商人、安徽文人、安徽淮军、安徽官员四大类型。安徽商人包含徽商、宁国一府六县的商人、芜湖商人等，其经营的产业包罗万象，比较著名的有盐业、竹木业、茶业、手工业、典当业等，且活动范围广泛，将周边的州、府如浙、苏、鄂、江等全部收入囊中，甚至远达海外。安徽文人指的是籍贯位于安徽地域范围（时间1667—1949年）内、对于古代社会具有一定影响力的文人及文化流派。如：南宋时期程朱理学作为国家的正统学科，其集大成者朱熹的家乡位于徽州婺源；北宋时期来自庐州府（今合肥）、以清正廉洁著称的包拯以义践行,将儒家学派的思想运用到实际行动中。淮军是晚清时期重要武装政治集团,以李鸿章为首,因以淮南地主团练为基础,将领士兵多系安徽人,故名。在清政府镇压太平天国、捻军及维护统治、筹备海防的过程中,淮军及淮系集团成员有数以千计的官将兵丁死于战场或积劳病故于任所,清政府对他们实行褒扬祀典制度,除去遵循惯例外,允许建立了数处淮军昭忠祠。[①]安徽籍官员人数众多,且在各地都有一定的影响力。安徽籍官员常在其所属地与安徽商人合力共建安徽会馆,对同乡人在外地聚乡情、联乡谊有着极大的促进作用。

安徽会馆作为会馆建筑中一个重要的分支,相比于其他省份的会馆有其鲜明特点。本书中将其从性质上分成文、商、军、仕四个类型,并从兴起原因、分类依据、分布范围和建筑形态等方面对安徽会馆建筑进行研究。在时间跨度上,本书重点研究1667—1949年的安徽会馆建筑,因为这段时间是会馆建设的辉煌时期。

目前建筑学领域对于安徽会馆的研究还停留在个体层面,未形成整体性研究,也未能发掘出其特色。作者在调研中发现,现有的安徽会馆名录多有遗漏,许多有价值的安徽会馆并未呈现于大众视野之中,更不用说得到保护和重建,还有许多已经修复的安徽会馆未得到有效利用,或面临再一次被弃置的处境。因此,安徽会馆建筑遗存的保护与再利用是一个紧迫的课题。

本书意图对安徽会馆分类提出新的依据,即从会馆使用者的角度,对其性质进行重新定义,并分成不同类型。依据历史资料将安徽会馆在不同历史时期与地理时空下的分布进行转译,总结出安徽会馆的分布规律。根据建筑实例,采用文献研究法和田野调查法等研究方法,从建筑学的角度对不同类别的安徽会馆进行选址、布局、空间、形式、构造、装饰等方面的比较研究,并总结其共性特征。

最后,本书整理了历史上记载的安徽会馆总表和现存安徽会馆总表,希望能为当今社会背景下的安徽会馆建筑研究提供一些补充及新的视角。

[①] 傅德元.李鸿章与淮军昭忠祠(一)[EB/OL].(2023-06-19). http://iqh.ruc.edu.cn/qdzzsyj/jshd/61aba923343e4470802f567c657db7ef.htm.

第四章 安徽会馆建筑实例

第一节 以文为主的书院型会馆建筑实例 / 110

第二节 以商为主的商业型会馆建筑实例 / 122

第三节 以军为主的昭忠祠与淮军会馆建筑实例 / 129

第四节 以仕为主的官绅会馆建筑实例 / 138

第五章 安徽会馆的现状与当代价值

第一节 安徽会馆现存情况概析 / 164

第二节 安徽会馆的当代价值与保护思考 / 167

第三节 安徽会馆研究展望 / 168

参考文献 / 171

附录

附录一 历史上中国建立的安徽会馆总表 / 176

附录二 中国现存安徽会馆总表 / 197

后记 / 205

第一章　安徽会馆的产生与分类

第一节　安徽会馆的兴起背景／002
第二节　安徽会馆的分类研究／017
第三节　安徽会馆的祭祀信仰／030
第四节　安徽会馆比较研究／035

第二章　安徽会馆的分布与发展

第一节　安徽会馆的分布特征／043
第二节　安徽会馆的发展线路／062

第三章　安徽会馆的建筑形态与特征

第一节　安徽会馆的选址与布局／070
第二节　安徽会馆的空间与构造／079
第三节　安徽会馆的单体建筑与装饰细部／093

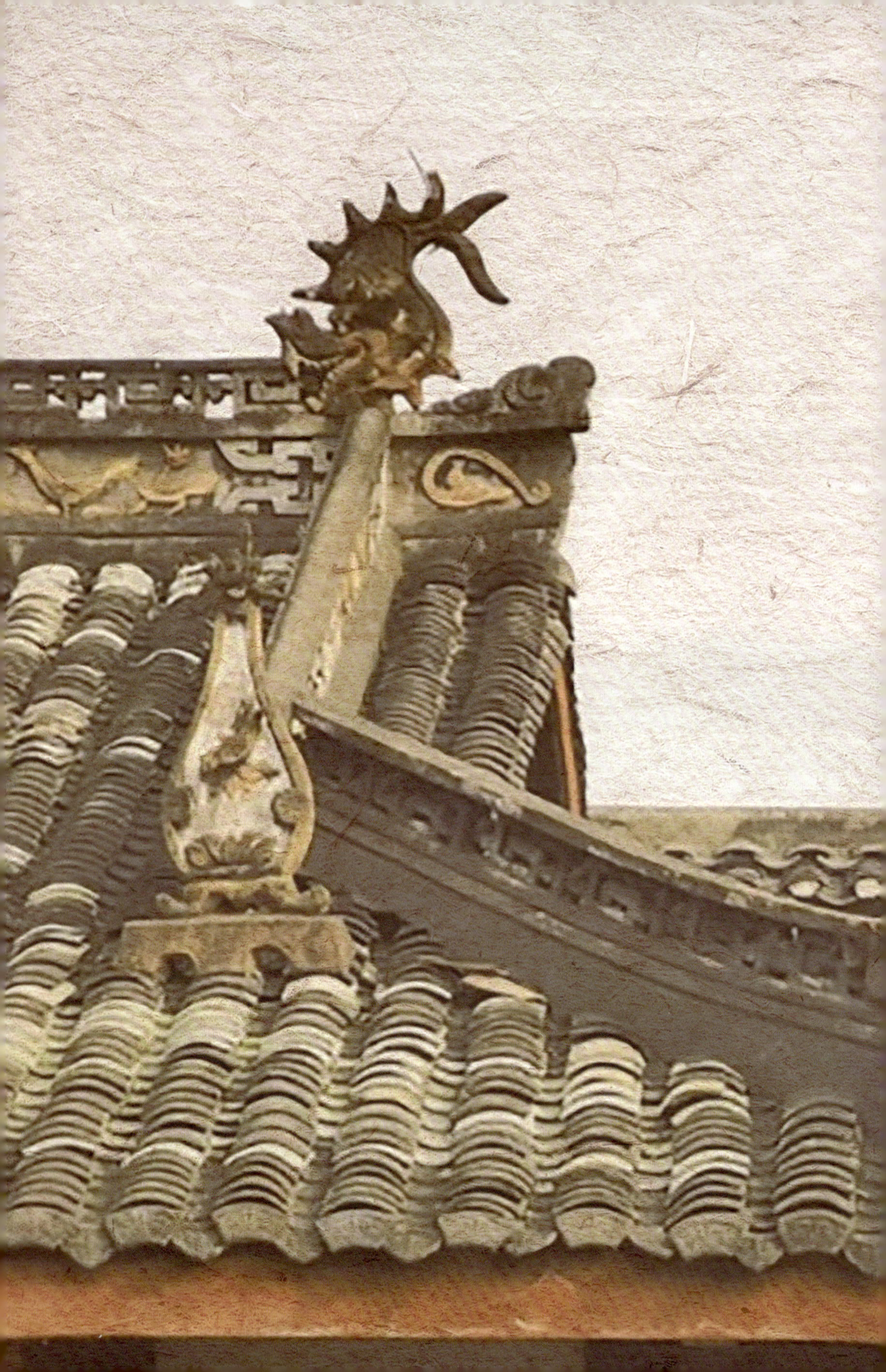

第一章 安徽会馆的产生与分类

第一节　安徽会馆的兴起背景

一、安徽的历史沿革和地理格局

（一）安徽的历史沿革

明朝时期，安徽省域属于南直隶的管辖范畴，南直隶直属应天府南京，是全国经济最为富庶的区域，与北直隶一南一北遥相呼应。明朝时期的南直隶地域范围也包含了如今的江苏省、上海市。

清康熙初年，南直隶改名江南省，由于其地域范围过大，不便于管辖，因此于1667年拆分成江苏省和安徽省。安徽建省之时，各取安庆府与徽州府首字，"安徽"之名由此而来。安庆府位于长江边，交通便利，且以桐城文派而享誉全国，建省之后自然地成为安徽省会城市，直到1958年被合肥①取代；徽州府则以徽商和徽州文化而闻名天下。

（二）安徽的地理格局

我国古代的地域划分原则与当今不尽相同。那时公路未形成体系，铁路更未出现，大片大片的湖泊沼泽和农田绿地是人们赖以生存的生态资源，人们临水而居，以农业为生。常言道："一方水土养一方人。"山水格局对地方风俗、文化等产生了巨大影响。

安徽境内有长江、淮河穿省而过，因此学界普遍认为，以长江、淮河为界，安徽被划分为皖北、皖中、皖南三个地区，三个地区受多重因素影响，文化特征大相径庭。除去水系的影响，安徽境内还有多条山脉，也是形成安徽三区文化差异的重要原因（见图1-1）。

皖北地区位于淮河以北，以平原为主，与河南等中原地区交通方便，交流紧密。河南洛阳作为十三朝古都，文化势能本就较高，自然会向文化

---

① 安徽合肥为古庐州府。

图 1-1　安徽山形水系与文化分区图

势能较低的皖北地区传送，因此皖北地区主要受到中原文化的影响。而位于皖北的凤阳是明朝开国皇帝朱元璋的家乡，曾是明朝的政治中心，至今遗存明中都古城墙遗址。

皖中地区位于长江、淮河之间，地势以丘陵为主，西边大别山山脉绵延不绝，东边较为平坦，大别山将安徽与湖北相隔开来，皖中地区的人向东行至江苏较为顺畅，且江浙本就是富庶之地，自然吸引了大批人群，因此皖中地区主要受到江淮文化的影响。但是皖中也多出文人名士、历史人物，如：以清正廉洁著称于世的包公包拯来自安徽合肥；从皖中地区安庆府发源的桐城派成为明清时期家喻户晓的文学流派，对书院的建设和整个文坛的影响都不可忽视；两江总督李鸿章也出生于安徽合肥，他对于安徽省域的认同与安徽会馆的建设影响很大。

皖南地区位于长江以南，多为山区，境内有水阳江、青弋江、新安江等多条水系，四通八达，这些水系将山脉分为黄山山脉、天目山山脉和九华山山脉，形成了徽州区天然的防御机制，使徽州成为一个易守难攻的地方。徽州古村落乡情浓厚，同乡人在外功成名就后，都积极回归投资建设家乡，且徽州人崇儒重教，衍生出了特色的徽文化，传承发扬至今，成为安徽文化的名片。

二、安徽会馆兴起背景

（一）商业背景：商帮崛起为安徽会馆提供经济支持

明清时期，安徽商帮的代表性人物为徽州歙县、黟县、绩溪、婺源、祁门、休宁一府六县（见图1-2）的商人，统称为徽商。除此之外，从安徽省外出经商的商人还有宁国府的旌德帮、泾县帮、太平帮以及芜湖商人

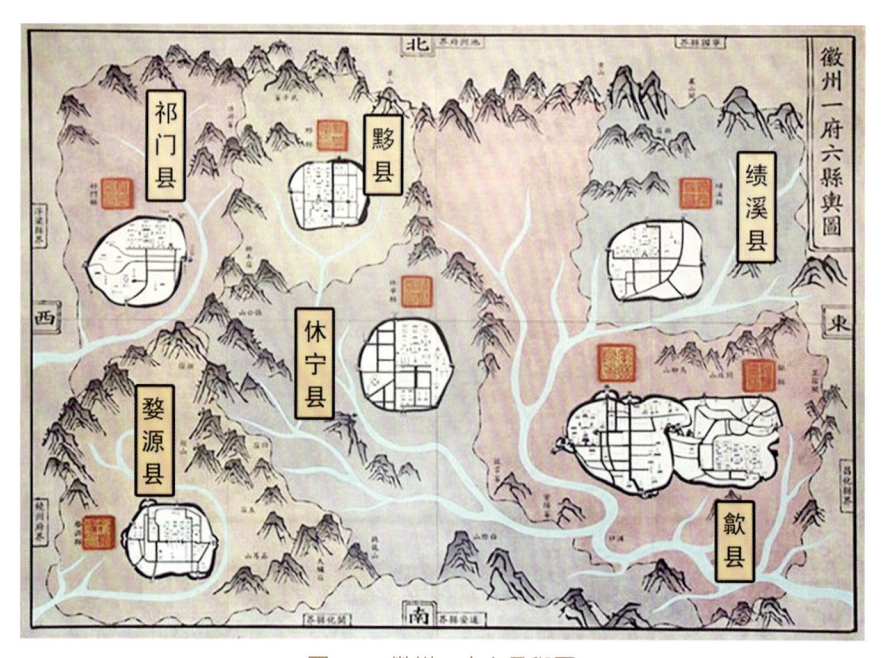

图1-2　徽州一府六县舆图

等，他们与徽商联系紧密，共同为安徽的经济建设添砖加瓦。安徽商人大多出自长江以南的皖南地区，他们在各地通力合作、共同经营，形成一方势力后广泛建设会馆建筑。安徽商帮的兴起与其地理、历史、资源、文化都是密不可分的。综上所述，本节研究的重点在于以徽商为首的皖南地区商人的兴起原因与经营产业。

1. 安徽商帮兴起原因

（1）水陆通达的地理优势

明清时期商人运送物品以水运最为快捷，因此水路成为主要运输通道。我国的整体地势特征是西高东低，长江、黄河两条水系将东西方向连接起来，成为畅通无阻的水运路线，而南北方向由汉水、赣江、湘江、北江以及人工开凿的京杭大运河等组成南北大通道，这些河流将我国串联成一个四通八达的水路网络体系。古代商人经商如若能够便利利用这一体系，其商品推广与经营效率便会大大提高，事半功倍。

安徽皖南地区位于长江以南、运河以西、赣江以东，境内均有通达的水系到达这几条大江大河，具有得天独厚的地理优势。在皖南境内，以徽州府为核心、贯通皖南的水系主要有四条，分别是徽杭水道、徽宣水道、徽饶水道和徽池水道，统称为通徽水道（见图1-3）。《休宁县志》中曾经描写过徽商外出的线路："商之通于徽者取道有二：一从饶州鄱、浮，一从浙省杭、严，皆壤地相邻。"①

徽杭水道可分为四段，沟通了杭州与歙县，其中歙县至建德段为新安江。曾被誉为"黄金水道"的新安江是皖南地区最为重要的一条河流，其发源地位于休宁县，顺地势向东流淌，浙江境内的建德至萧山闻家堰段流域称为富春江，闻家堰至杭州段为气势磅礴的钱塘江。

徽饶水道是徽州府与饶州府之间进行商业往来的重要通道，可分为北道和南道两段，北道是昌江，南道是婺江。这里也曾发生过重要的水上移

---

① 廖腾煃，修，汪晋徵，等纂. 休宁县志：卷七·汪伟奏疏[M]. 影印本. 台北：成文出版社有限公司，1693（清康熙三十二年）.

民事件，在明朝初年的洪武赶散时期，大量人口从江南地区迁徙到苏北地区，其中徽州和饶州的人口迁移到安庆府便是通过这条水道。

徽宣水道沟通了徽州与宣州，其河流不止一条，为多条河流的统称。这条水道途经宣城、泾县，到达芜湖汇入长江，连接了宁国府、徽州府与太平府，最终注入位于宣州的青弋江。

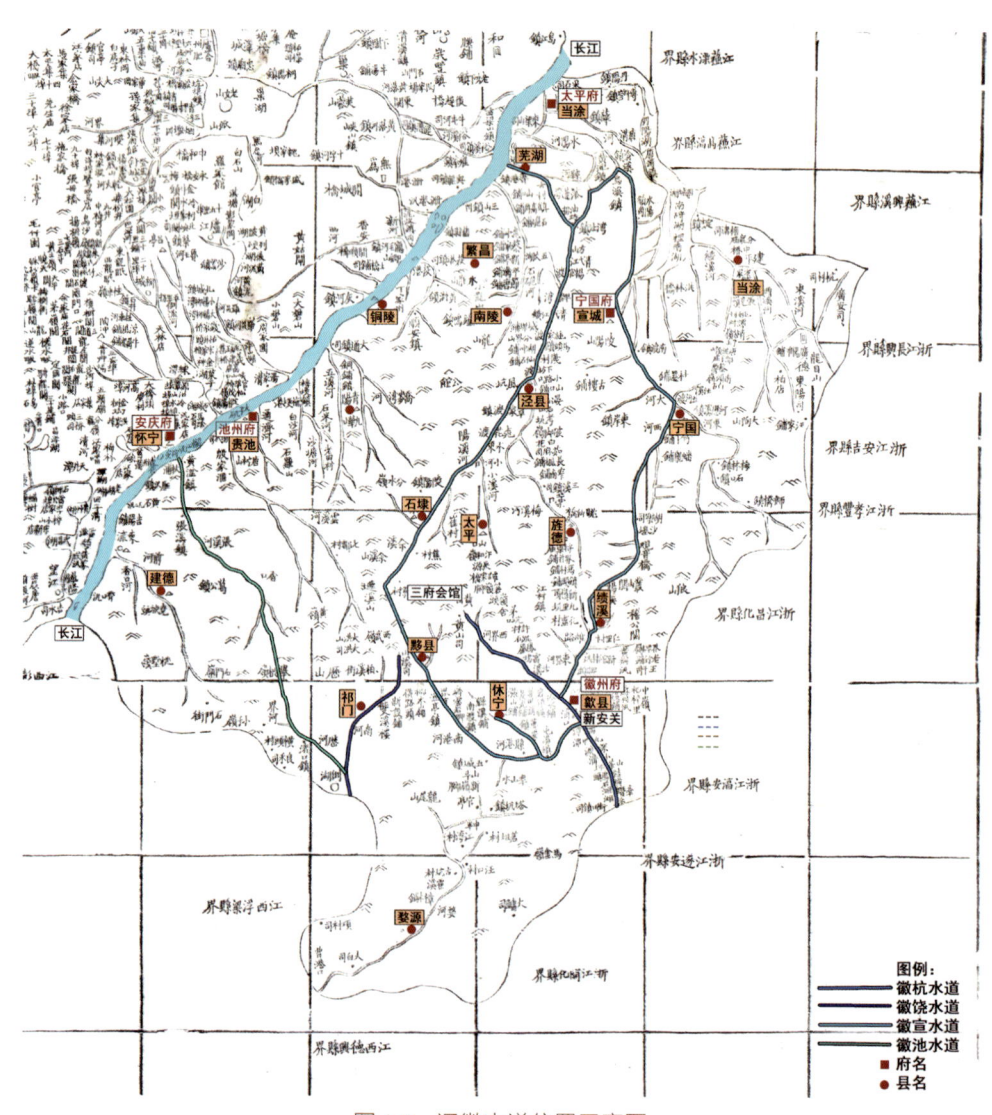

图 1-3　通徽水道位置示意图

（底图为1864年《同治大清分省舆图·安徽省》）

徽池水道连通了徽州府与池州府，是徽商从古徽州进入长江中下游流域的必经之途。徽池水道起源于赤岭河和梅溪河，进入池州境内后汇入秋浦河。

由于徽州气候湿润多雨，水路时常不稳定，梅雨季节易出现滩涂多、水流急的现象，船行缓慢，且事故频发，不如陆路安全、便捷。因此勤劳的徽商依靠坚韧不拔的毅力在群山之中修筑了多条徽州府通向外围的石板山路，称为徽州古道（见表1-1和图1-4）。

表1-1　徽州古道整理表格

古道名称	起点和终点	路线	修筑时间	现存状况
徽杭古道	徽州和杭州	绩溪县伏岭镇江南村—浙江临安清凉峰镇浙基田村，全长25千米	唐代始建，南宋宝祐五年（1257年）修成，元代和明代曾重修	保存较好
徽饶古道	徽州和饶州	歙县—休宁—江西瑶里，全长百余千米	不可考	保存较好
徽青古道	徽州府城和青阳县	歙县—箬岭关—太平县—青阳县	不可考	茅舍村至上岭脚区段的青石板路保存较好
徽浮古道	徽州府城和江西浮梁县	歙县—潜口—休宁县城—界首—黟县渔亭—祁门县城—闪里—浮梁县城，全长200千米	不可考	大部分路段被慈张公路所利用
徽安古道	徽州府城至安庆府城	歙县—祁门县城—雷湖—石埭县—贵池县—安庆，全长210千米	清道光年间整修	屯溪至安庆已通公路，古道荒废
徽昌古道	徽州古城至浙江昌化县	歙县—渔梁—星岭关—浙江昌化县	星岭关路段为南宋岳飞修建，元代曾整修	1932年被改建为公路

续表

古道名称	起点和终点	路线	修筑时间	现存状况
徽泾古道	徽州府城至泾县	歙县—绩溪县—翠岭—分界山（绩溪、旌德县界）—旌德县城—泾县，全长94千米	宋代在翠岭设立"翠岭关"，为军事要塞	20世纪50年代建成绩溪至旌德公路
徽开古道	徽州府城至浙江省开化县	歙县—岩寺—屯溪—珍源（古为休宁、开化县界）—浙江开化县城	不可考	歙县至屯溪路段为芜屯公路利用；屯溪至开化段改建为屯开公路
徽宁古道	徽州府城至宁国县	歙县—绩溪—丛山关—宁国县	设有驿铺，为古官道	已被改建为慈张公路
休淳古道	休宁县城至浙江淳安县城	休宁县—屯溪—歙县—莫墩—黄备—街口淳安县，全长90千米	不可考	屯溪至莫墩段被屯溪公路取代；莫墩至黄备段改建为公路
休龙古道	休宁县城至浙江遂安县龙山街	休宁县—屯溪—歙县横关—浙江遂安县龙山街	建于元末明初，朱元璋辟成	均已荒废
黟祁古道	黟县城至祁门县城	黟县城—西武岭—祁门县—柏溪—金字牌—祁门县城，全长30千米	清咸丰年间，曾国藩曾居祁门，太平军驻扎于黟县	几乎尽毁
黟太古道	黟县城至太平县甘棠镇	黟县城—石村—卢村—羊栈岭—太平县—扁担—郭村—焦村兴村—水岭脚—甘棠	不可考	隐没于杂草乱石之中

资料来源：周洋、陈琪《徽州古道的现状调查及价值研究》，载《黄山学院学报》2016年第18卷第4期，第6-10页。

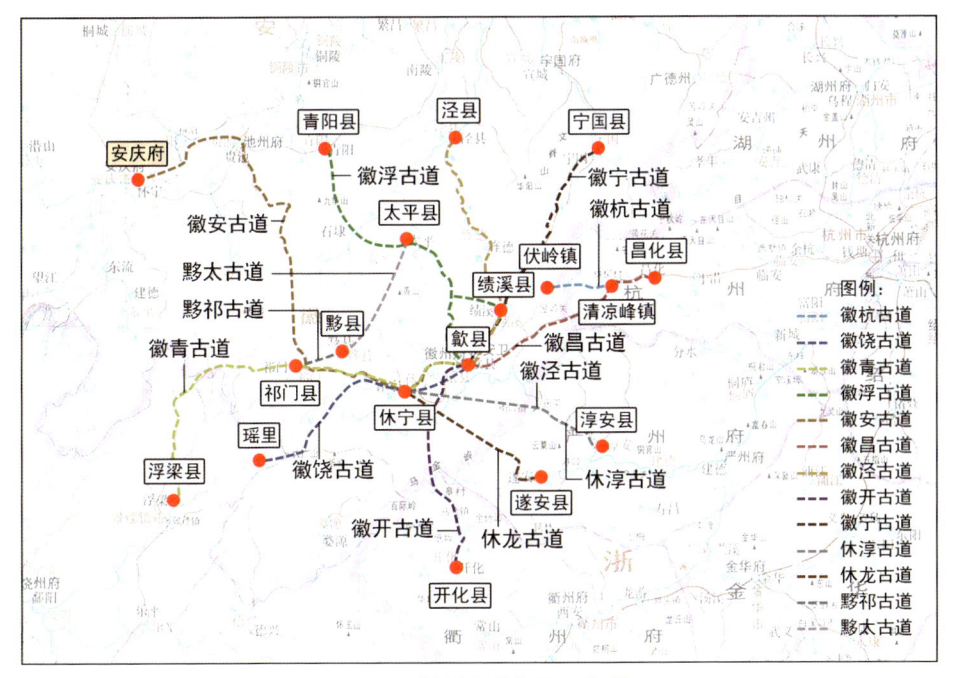

图1-4 徽州古道位置示意图

（底图来源于谭其骧主编《中国历史地图集：清时期·安徽》，地图出版社1982年版）

皖南山区的居民经过坚持不懈的努力修筑了数量庞大的古道，这也是安徽商人能够成功的重要缘由，不过这些古道现在大多被公路替代，只有徽杭古道、徽青古道和徽饶古道作为旅游景点被保存下来，其他古道早已无人问津，荒废在山野丛林之中。

通徽水道与徽州古道作为皖南地区商人外出经商的必经之路，为其带来了巨大的财富，也促进了安徽同乡会馆的建设。安徽商人内部的交流常在这几条线路中发生，如安庆府内建有两座徽州会馆、四座宁国府商人所建会馆。

（2）人多地少的资源因素

皖南地区多是山地，雨水多，自然灾害频繁。历史上发生过几次大的移民浪潮，致使许多北方地区的人迁徙到皖南地区。由道光四年（1824年）安徽各府州人均田地列表（表1-2）可知，当时安徽省人均田地达到

1.02亩[①]，而徽州府、宁国府、池州府等皖南山区人均田地均低于平均值。明清时期，皖南日益增多的人口与山多地少的自然环境驱使人们不得不去寻找新的出路，很多徽州人在懵懂青涩的时期便随同乡人外出经商，常年在外也使得他们对家乡的思念与日俱增，于是通过建设同乡会馆等建筑以祭祀祖先先贤、寄托思乡之情。

表 1-2　道光四年（1824 年）安徽各府州人均田地

府州名	人口/万	田地/亩	人均田地/亩
徽州府	252.35	2 055 973	0.81
宁国府	350.03	2 779 746	0.79
池州府	280.90	713 493	0.25
太平府	150.80	1 460 807	0.97
安庆府	557.01	2 151 721	0.39
庐州府	361.75	6 647 806	1.84
凤阳府	444.14	8 788 038	1.98
颍州府	405.60	4 211 757	1.04
滁州	61.18	583 243	0.95
和州	43.64	484 000	1.11
广德州	56.18	1 031 405	1.84
六安州	146.11	1 663 572	1.14
泗州	159.98	631 165	0.39
安徽合计	3 269.67	33 202 726	1.02

资料来源：徐国利《明清徽州人地矛盾问题再研究》，载《史学集刊》2020 年第 3 期，第 16-28 页。

[①]　1 亩≈666.67 平方米。

（3）工商皆本的历史浪潮

战国初期李悝就提出了"重农抑奢，禁技巧"的观点。农业是传统社会主要的、决定性的生产部门。中国古代历代统治者都把发展农业当作大事来抓，努力督促和组织农业生产。与此同时，国家在经济政策上一直奉行重本抑末、重农抑商的政策，即保证经济政策向有利于农业发展的方面倾斜。[1]商人的地位一直较低。明清时期，资本主义萌芽，商业呈现蓬勃发展态势，商人足迹遍布全国，甚至远达海外，不仅有利于经济发展，还促进了民族交流和社会进步。因此，明清之际著名思想家黄宗羲提出了"工商皆本"的思想，商人的地位愈加重要。

安徽商帮把握住时机，凭借着吃苦耐劳、诚实可靠的精神品质和出色的商业头脑，在众多商帮中脱颖而出，于明清时期迅速崛起。这也为他们在各地建设同乡会馆打下了坚实的经济基础。

（4）崇儒重教的文化源流

早期许多商人在经商过程中都会低价买入、高价卖出，以赚取高额利润，甚至还会有欺诈消费者的行为，这与儒家文化所倡导的"重义轻利"相违背，皖南商人则截然不同。

徽州府是朱子故里，亦是程朱理学的发祥地，而程朱理学的核心是在儒家文化的基础上，对孔孟学说进行进一步的提炼和升华。皖南地区的商人自小在这种环境下成长和生活，耳濡目染，儒学文化的影响已经根深蒂固，以至他们在进行商贸活动的过程中，也秉持着儒家文化的原则。他们将经商与儒学结合起来，以诚信经营、保质保量为宗旨，勤劳勇敢、重情重义，获得一致赞扬，也开拓了大量市场。

在皖南商人所建的同乡会馆中，多将朱子灵像置于首位。同时，安徽商人不惜代价投资建设书院建筑，并将会馆与书院结合，保障子女获得良好教育。

---

[1] 朱康有. 中国古代有关治理理念的争论[N]. 人民日报，2017-03-27（16）.

以徽商为首的皖南商人开辟了"贾儒结合"的经商新道路，徽商对于儒家文化的传承与发扬进而也影响了世人对商人的看法，因此他们在商界的地位可谓是举足轻重。

2. 安徽商帮经营产业

虽然皖南山区人多地少，但是矿产资源丰富，有大片的树林、茶园等，还有开中折色等政策扶持，这些都为皖南商人经商提供了有利的条件。再加上勤劳刻苦、勇于创新的精神品质，皖南商人逐渐在商界开辟出了自己的一片天地，也在各地建设了多座同业会馆。

（1）因盐而兴的徽州商人与盐商会馆

盐业自古以来一直是民生行业，关系到每家每户每天的生计。因此，"得食盐者得天下"，掌握了盐业也就掌握了国家的命脉。清朝规定，只有盐商才可以入商籍，其他行业的商人还是民籍，不仅商籍学子的录取率远高于民籍，还有许多其他的福利政策。

但是在明朝时期，商人是不能随意贩卖食盐的，官府制定了一套完整的食盐售卖体系，称为开中折色制度。商人想要贩卖食盐换取利润，必须要购买盐引，才能运盐行销。"盐引"既是食盐的计量单位[①]，又是盐商贩卖和运送食盐的凭证。徽商看准这一商机，购买了大量的盐引。当时最大的两个盐场分别是位于扬州的两淮盐厂和位于杭州的两浙盐场，徽商可以通过徽杭水道直接到达杭州，再从杭州转京杭大运河到达扬州，交通十分便利。

徽商以盐业为首要行业，而当时的徽商也确实占据了盐业的半壁江山，清代扬州盐业八大总商中有四个是徽州籍商人，其中位于首位的是徽州歙县江村的一代传奇人物江春。

仅扬州一处就有多座安徽商人建立的盐商会馆，如祖籍位于歙县的两淮盐运使程恒生与扬州知府共同建设的盐务会馆；湖南、湖北、江西、安徽四省盐商共同建设的四岸公所等（见图1-5）。

---

① 一引为400斤食盐。

（a）扬州四岸公所　　　　　（b）扬州场盐会馆　　　　　（c）扬州盐务会馆

图1-5　扬州盐商会馆

（2）经茶有道的徽宁商人与茶商会馆

安徽从古至今一直是产茶大省，祁门红茶、太平猴魁、黄山毛峰、六安瓜片等名茶皆出自安徽，有大半生产于皖南山区。皖南属于亚热带地区，气候温和多雨，土壤酸碱度适宜茶叶生长，因此，皖南地区自古以来就是产茶区。从事茶叶生意的安徽商人众多，其中以徽州府和宁国府的商人最负盛誉。

商人进行茶叶贸易有一套既定的流程，先是收购毛茶，再进行茶叶加工，运输到各地后进行售卖，从中获取利润。其中徽州府的商人眼界宽广，在各地进行毛茶的采买，而不仅限于徽州地界。且徽商经过周密的计划对毛茶价格进行严格的把控，部分徽商主做茶叶生意，也有部分徽商以茶业为副业。宁国府的茶叶主要是自产自销，茶叶为宁国商人的大宗商品。

茶商的经济实力不容小觑，许多安徽会馆都是借助安徽茶商的资本建立起来的，如：北京歙县会馆由歙县茶商投资建设；上海星江公所是由胡正鸿等婺籍茶商集资议建；绩溪人胡沇源作为裕泰和茶号的创始者，其后代在泰州创建新安会馆及义园。

(3) 巧于因借的竹木商人与木业会馆

皖南山多、树多，出产的木材木质优良、种类丰富，不仅可以用于修筑建筑，还可以用来造船，是不可多得的优质材料。作为建筑材料的竹木，其重量、体积都很大，陆路运输会耗费大量人力、财力，水路运输最为便捷。因此，安徽地区的樵夫于每年冬季将树木砍下，保存起来，到来年五、六月份水涨船高，再拿出去贩卖。安徽木商的足迹遍布运河流域和长江流域，乾隆五十一年（1786年），徽州木业商人在杭州建立了徽商木业公所，又称徽国文公祠，为同业性质会馆，公所内建有房屋、议事厅，另有沙地3 690亩。

(4) 技艺精湛的手工业商人与手工业会馆

文房四宝中最为出名的宣笔、徽墨、宣纸、歙砚均产于安徽，这也说明了安徽商人的手工业技术已经达到了炉火纯青的程度。

除去笔墨纸砚，安徽商人也参与了纺织品生意。徽州府和宁国府的纺织业商人共同在苏州吴江盛泽镇建立了徽宁会馆（见图1-6），以促进同乡商人合作共赢；泾县绢商在湖州建设绢业公馆新旧两座。

图1-6 盛泽徽宁会馆
（图片来源于苏州博物馆等编《明清苏州工商业碑刻集》，
江苏人民出版社1981年版）

另外，芜湖是浆染业的中心，庐州商人也从事布业的生意。安徽手工业的发展呈现一片欣欣向荣的景象。

著名文学家胡适将其家乡徽州的商人比作"徽骆驼"，体现出他们勤勤恳恳、辛苦劳作的精神。安徽商人看似名利双收、风光无限，但是其中辛苦冷暖自知，没有坚韧不拔的意志力和敢为人先的开拓精神，是无法取得如此成就。受儒家文化影响颇深的安徽商人秉持着"仁""义"的原则，以诚实守信的态度对待客户，货真价实，广受好评，他们这种精神也值得当代商人学习和弘扬。

虽然安徽商人已经能凭借实力在异乡扎根，但是他们仍有难以割舍的故乡情怀。安徽商人取得成就之后为感谢故乡的馈赠，便开始大力建设家乡。徽州商人投资建设的祠堂、牌坊、古民居成为"徽州三绝"；砖雕、木雕、石雕也被称作"徽州三雕"，广泛用于徽派建筑上，并被列为第一批国家级非物质文化遗产，其不仅建造技艺炉火纯青，而且风格独一无二，可识别性强。徽州商人也将徽派建筑风格传播到全国各地，在安徽会馆建筑中或多或少带有徽派建筑元素。

（二）文化背景：文学兴盛为安徽会馆奠定思想基础

除去颇具影响力的徽商之外，安徽的文化力量也不容小觑。这里曾出现过程朱理学的集大成者朱熹、以实际行动践行儒家文化的包拯以及名扬天下的桐城文派、考据学派的代表人物，他们都是儒家文化的传承者和实践者。在安徽会馆中，他们是乡情凝聚力的象征，是文化自信的资本，也是后人学习的榜样，这些在安徽会馆的祭祀与文化传播中均有体现。

1. "祭朱熹，传理学"

道学之始，始于孔子，代代相传，统之于朱子。朱子名朱熹，号晦庵，又名紫阳先生，南宋哲学家、教育家，祖籍徽州婺源。朱熹自小聪颖好学，年纪轻轻便考中进士，虽然仕途一片光明，但他屡次辞官，只为潜心钻研理学文化。他将程颐、程颢所创理学学说进行系统的梳理，构建了完整的理学体系，世称程朱学派，其与时政相结合后，在明、清两代被提至儒学正宗的地位。

朱熹为官时间虽不长，但以清正廉洁出名。他才华横溢，难免遭人嫉妒，他也对朝政之上阿谀奉承、颠倒是非之风不满，因此选择辞官归隐，广发文章，游历于各个书院之中，四处教授理学思想，对书院的建设起到了极大的推动作用，他的思想也作为正统思想在书院中广泛传播。多数安徽会馆、新安书院均将朱子排在首位祭祀，甚至有些会馆以朱子命名，如紫阳书院、徽国文公祠等。

2. "祭包拯，明义理"

如果说朱熹是儒家文化影响下程朱理学的集大成者，那么包拯就是儒家文化的践行者。包拯于北宋时期生于庐州，自小饱读诗书，考取进士后便开启仕途。他恪守"在家为孝子，入朝做忠臣"的原则，以民为本，一生为民；不畏惧权势，也不包庇贪官污吏；刚正不阿，又忠心耿耿。他将儒家所倡导的"仁、义、礼、智、信"付诸实践，为后世之楷模。安徽以包拯为傲，以至于在会馆中专建祠堂予以供奉，教育后人做人要坚守本分，廉洁公正，无愧于心。

3. "学考据，话桐城"

康乾之际，学术体系之下形成两大流派，分别是以戴震为首的考据学派和以姚鼐为首的桐城文派。

戴震出生于安徽徽州休宁县，他创立的学派又被称为皖派，以徽州地区为核心。考据学派虽沿袭汉经，但受到唯物主义思潮的影响，加之戴震在数学领域颇有建树，因此强调逻辑思维，以严谨著称。戴震肯定自然人欲的合理性与正当性，同时反对人欲的放任自流，批判程朱理学的政治思想，对晚清以来的学术思潮产生了深远影响。

桐城派的文人大多出自安徽江淮之间的安庆桐城，因而得名。"学行继程朱之后，文章在韩欧之间"，桐城派为清代文坛最知名的散文流派，也衍生出了桐城诗派、桐城画派等流派。桐城派强调文字既要言之有物、逻辑自洽，又要唯美动人，形成了一套体系完备的学说，在安徽会馆的书院、书屋内广为流传。桐城派文人也不吝啬为安徽商人谱写传记，促进了传统士商关系的变革。

第二节 安徽会馆的分类研究

一、安徽会馆性质分类

商人经商在外，即便小有成就，但毕竟在身处异乡，难免会遭受当地其他商帮及官府的排斥和打压，因此同乡内部必须团结一致共同抵抗压迫。安徽商人需要建立一个私密空间，帮助联系乡情、商讨事宜、定期举办大型祭祀等活动，增强同乡认同感，商人之间还能够在此交流信息、互通有无、共同获利。在教育方面，安徽人崇儒重教，无奈官学名额有限，莘莘学子跟随父母四处漂泊，未能及时了解文人的先进知识和思想，若有一处对其开放的书院或学堂，定能享受优质教育资源和条件。安徽淮军南征北战，许多淮军将领在战争中流血牺牲，未能重归故里，只能就地安葬，同时淮军也需要一个住宿、议事、演练兵法的场地，以养精蓄锐、筹备战役；安徽籍官员在朝为官，难免需要宴请宾客的场所，这也是安徽籍同乡在异地身份与地位的象征……受多重因素之影响，安徽会馆应运而生。

自明朝嘉靖年间第一座安徽会馆建成之日起，直到现在，世人依然还在对安徽会馆进行不断的修复和重建，其间有大大小小数百座安徽会馆登上过历史舞台。且安徽人的足迹遍布全国，安徽会馆的分布也较为分散，在对其进行系统研究之前，首先应确定某一属性，依据这一属性做好分类工作。相对于其他省份的会馆来说，安徽会馆的一大特色就是其规模庞大，多以建筑群的形式存在，这是因为安徽同乡人惺惺相惜、崇文重教、乐善好施，所以不惜花费巨资在安徽会馆周边建设书院、善堂、义阡、码头等附属建筑，甚至将街巷命名为新安街，形成一片庞大的会馆建筑群。历史上的很多安徽会馆具有多重属性，本章节依据其最主要的性质将安徽会馆分成文、商、军、仕四大类，每一种性质也对应着会馆的主要使用者。

文、商、军、仕本就是不可分割的四个部分，小到地方，大到国家，只有文化、经济、军事、政治共同发展，才能蒸蒸日上。文人以笔为戈，商人仗义疏财，军人金戈铁马，官员以义践行，共同促进了安徽会馆的发展与进步。

（一）以文为主的科举型会馆和书院型会馆

作者将文人会馆分为两种：一种是学子科考落脚之地，称为"科举型会馆"；另一种是学者教书育人之地，称为"书院型会馆"。

1. 科举型会馆

科举制度是中国古代最为公平的人才选拔形式，其始创于隋、发展于唐、完善于宋、盛行于明清、延续至清末，存在了1 300多年。在这漫长岁月中，服务于科举制度的建筑形制各异、数量众多，科举型会馆便是其中一种重要类型。安徽人信奉"学而优则仕"，安徽商人在外辛苦经营，就是为了子女有出头之日，因此对科举考试十分重视。徽州府、宁国府、安庆府等都是科举考试大户，每年参与科考的学子数以万计，经过层层选拔后角逐出佼佼者，再进京赶考。为了让莘莘学子在外地有一个不被打扰的场所，安心备考，安徽商人自发捐款，成立了多处仅供同乡学子使用的科举会馆，或称试馆。

明清时期的科举考试分设三重关卡，分别是乡试、会试和殿试，而殿试的最终成绩决定了当年的状元、榜眼、探花、进士。北京的第一座会馆，也是全国的第一座会馆建筑位于北京市东城区前门街道长巷五条7号，是明永乐十九年（1421年）前后由安徽芜湖人俞谟所建的科举型会馆——京师芜湖会馆，距今已有600年左右的历史了。当时，政治中心随首都的迁移由南京转入北京，芜湖籍的书生、官员纷至沓来，寻求俞谟父子的帮助，于是俞谟父子慷慨解囊，建成了一座面积达1 000多平方米的会馆，规模宏大，有东、西两进院落，正厅3间，厢房16间，灰棚房6间，沿街铺面7间。使用者除俞谟等官员外，大多是进京赶考的芜湖书生，也曾出过探花，是芜湖之荣耀。如今，芜湖会馆已无昔日之辉煌，唯有破败的屋舍与孤零零的牌匾为伴（见图1-7）。

（a）　　　　　　　　　　　　　　（b）

图1-7　北京芜湖会馆

据记载，明嘉靖三十九年（1560年）来自歙县的杨忠和许标修建了歙县会馆，具体位置在菜市中街①，此为旧馆，因规模不足，歙县人又于嘉靖四十一年（1562年）另建新馆。来自歙县的学子成绩斐然，历史上状元、榜眼、探花加起来就有十几人，进士更是有数百人，因此歙县会馆中也是人来人往，热闹活跃，更有加官进爵的歙县同乡人定期进行资助和管理。

安徽人乡试的地点位于南京，但是长期以来一直未有安徽科举型会馆，直到同治末年，婺源人在南京建立了婺源试馆新旧两所，开创了安徽人在南京建立科举型会馆的先例。

据统计，明清时期安徽人在北京和南京所建的科举型会馆共有18座，14座位于北京，4座位于南京（见表1-3及图1-8、图1-9），其建设者大多为徽州人和宁国人，说明有大量徽州府和宁国府学子和官员在北京和南京集聚。

---

① 菜市中街为现在北京广安门大街东段附近。

表 1-3　位于北京和南京的安徽科举型会馆统计表

城市	会馆名称	修建时间
北京	芜湖会馆	永乐十九年（1421 年）前后
	歙县会馆	嘉靖三十九年（1560 年）
	歙县会馆（新馆）	嘉靖四十一年（1562 年）
	梁安会馆	万历二十三年（1595 年）
	新安会馆	万历四十四年（1616 年）后不久
	泾县会馆	万历四十七年（1619 年）
	休宁会馆	万历年间
	绩溪会馆	乾隆十九年（1754 年）
	婺源会馆	乾隆二十五年（1760 年）
	黟县会馆	乾隆五十九年（1794 年）始建
	徽州会馆	嘉庆年间
	婺源会馆（新馆）	嘉庆十九年（1814 年）
	太平试馆	光绪十四年（1888 年）
	徽州会馆（新馆）	光绪年间
南京	泾县会馆	嘉庆十一年（1806 年）
	歙县试馆	同治八年（1869 年）
	婺源会馆	同治末年
	婺源会馆（新馆）	同治末光绪初年

安徽科举型会馆在建设初期只允许参加考试的学子和官员入住，会馆的经费来源主要依靠官员和商人募捐以及非应试时间会馆内部房屋出租。后期由于会馆资金不足以支撑其正常运营，安徽科举型会馆为了生存，面临转

型。一是服务对象转变，安徽科举型会馆不再仅仅服务于考生及官员，而是出现了平民化、大众化的趋势，任何同乡人员都可以申请入住；二是会馆性质转变，部分会馆由科举会馆转变为同乡会馆，更好地适应时代的发展。随着光绪三十一年（1905年）科举考试的废除，安徽科举型会馆有些彻底被弃置，有些转变为学堂、商人会馆等其他性质的会馆（见图1-8、图1-9）。

图 1-8　南京泾县会馆　　　　　图 1-9　北京泾县会馆

2. 书院型会馆

明清时期入官学有名额限制，为了给子女创造更好的学习条件，商人积极投资建设书院。商人创办的书院可分为两种：一是官商共建，二是商人自建。多数商人创办的书院具有会馆功能，少数则只有书院功能，如宁国府旌德县商人在本地创办的毓文书院仅供学子使用。书院型会馆与传统书院的不同之处在于其具有一定的商业性质，无论是选址还是功能、布局等方面，都会将商人的经商活动纳入考虑范围。

安徽书院型会馆的命名一般有两种方式：一是以朱子命名，因紫阳山位于徽州城外，朱子自称紫阳先生，安徽商人创办的书院也名为紫阳书院（见图1-10）；二是以地方命名，古代徽州等新安江流域沿线地区又称新安郡，徽商又称新安商人，因此其创办的书院也名为新安书院。

书院型会馆有祭祀祖先先贤、教师授业解惑、联络同乡情谊三大功能。安徽书院型会馆的祭祀对象以朱子为主，除此之外，也会祭祀与科举有关的星宿，如文昌星和魁星等，以及对书院建设有过极大帮助的人，无论是官员还是商人都一视同仁，这也是商人所建书院与传统书院的不同之处。安徽书院型会馆教导学子不要带有偏见，是非分明，还要尊重先贤和对其伸出援手之人，懂得感恩。

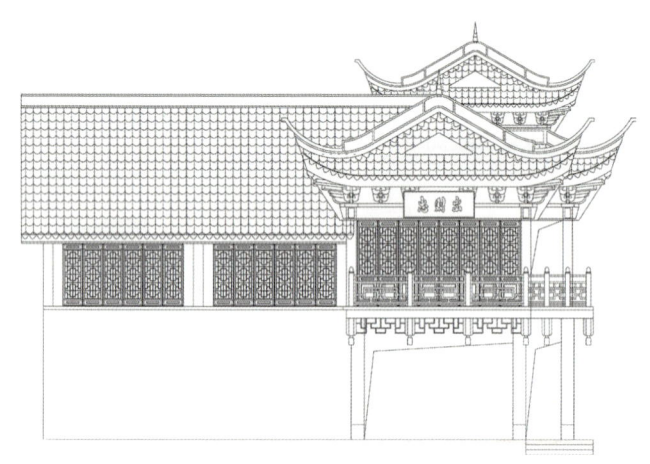

图1-10　无锡紫阳书院

传道授业是安徽书院型会馆最主要的功能，书院中专设朱子思想讲学场所，也会特设各家讲学场所，虽学风严谨、制度严明，但是思想自由、灵活多变，还建有藏书阁等建筑以供学生自学、拓展思维。

安徽书院型会馆的经费由安徽商人提供，安徽商人也依靠书院在当地站稳脚跟，借教育之名，获得社会认同感，安徽商人子女大多在书院学习。因此，书院和商人是不可分割、互惠互利的。

（二）以商为主的商业型会馆

商业型会馆是数量最多的一类会馆，安徽商业型会馆的出资者、建造者和使用者均为安徽商人，有同业会馆和同乡会馆之分（见图1-11、图1-12）。除去联络乡情、团结同乡的基本功能外，商业型会馆还有以下一些功能。

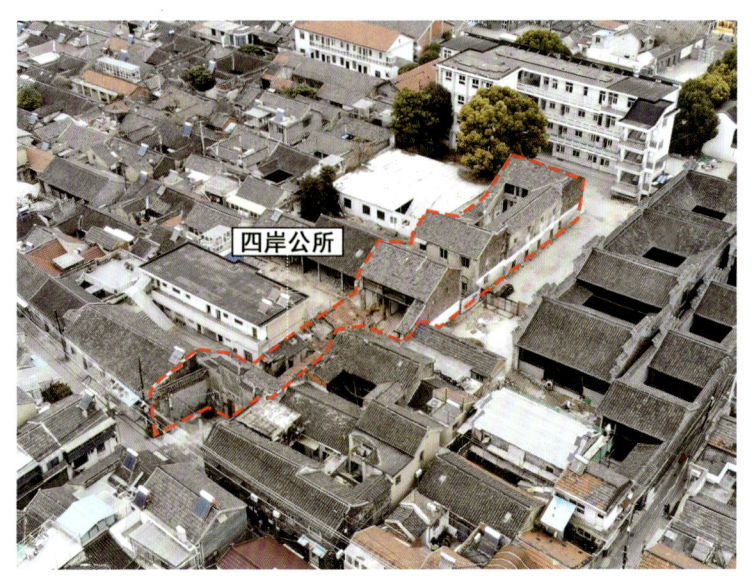

图 1-11　同业会馆：扬州四岸公所

图 1-12　同乡会馆：扬州徽州会馆

一是经济功能。商人外出谋生，以利为先。安徽会馆对于安徽商人事业上的贡献是其最大的价值所在。首先，同乡商人要想避免利益纠纷和矛盾，共同受益，就必须遵循一定的原则，而安徽会馆就是安徽商人共同商讨事宜、制定规章条例的场所；其次，情报的交换也是商业活动中重要的方面，我国古代信息的交换大多是通过口口相传，而安徽会馆就像是信息网络的中心。

二是防御功能。安徽会馆作为安徽商人的庇护所,不仅能够抵御恶劣天气、水灾、火灾等自然灾害,还有团结同乡以壮声势的功能。许多安徽商人在外地锋芒毕露、树大招风,难免会遭到妒忌和排挤,这样的事例不胜枚举。如徽商本欲在六安州治创建新安会馆作为其驻足之所,但是六安贡生李若桂等人以"欺压文庙,制害风水"[①]为由起诉徽商违建,一来一往拉扯许久后,最终还是以徽商胜诉了结案件。这样的事件时有发生,杭州徽商木业公所、苏州安徽会馆初创之时都因安徽商人与当地商人的矛盾而发生过纠纷。这也反映出商人在外地经商的不易。

三是社交功能。安徽商人独自在外,无论是建立会馆书院,还是进行商业贸易,都必须依托当地人的支持和照拂,需要与其他人建立良性关系,才能够和睦相处、互帮互助。安徽会馆自然就成为商讨政治事宜、宴请贵宾贵客的最佳场所。

四是仓储功能。古代通过水路运送货物,难免会遇到恶劣天气,造成货物滞留。而很多安徽会馆建在水运的必经之路或者两河交汇之处,如汉口徽州会馆建在汉江汇入长江口。有些商品货物如不能及时送达,便可在这里寄存,安徽会馆成为货物中转站,兼具仓储功能。

五是祭祀功能。同乡之间最强的联结便是共同的信仰,祭祀也是乡情凝聚力的体现,因此几乎每个安徽会馆中都建有祠堂。早期安徽会馆中的祠堂还位于会馆最中心的位置,祠堂也是依照家乡的建筑形制建造的。在祠堂中,安徽商人大多选择祭祀乡土神或者祖先先贤。

六是文化展示功能。安徽会馆的建筑形式、细部装饰以及举办的活动等,方方面面都代表了安徽的文化,起到外在形象展示的作用,是安徽人在外身份和地位最直观的象征。

七是娱乐功能。安徽商人在辛苦经营的同时,也深谙劳逸结合的道理,因此,馆内时常举办娱乐活动,同乡之人在一起谈天说地、观看表

---

① 李琳琦,梁仁志,整理. 嘉庆朝我徽郡在六安创建会馆兴讼底稿[M]//徽商会馆公所征信录汇编. 北京:人民出版社,2016:865.

演、享用山珍海味也是常有之事。多处安徽会馆内建有戏台，而会馆也是戏剧传播的重要场所之一。现如今"会馆"一词也常指休闲娱乐场所，这正是由古代会馆的娱乐功能演变而来。

八是慈善功能。会馆所在之处，多建有义园、义阡、殡所、善堂等慈善场所，以埋葬殁于异乡的安徽人。"敦睦之谊，冥明一体，生有所养，死有所葬"①，会馆和义阡正如孪生兄弟一般存在，会馆为生前之地，义阡为身后之所。

（三）以军为主的昭忠祠与淮军会馆

晚清时期，太平天国运动来势汹汹，清廷八旗军和绿营军已无力抵抗，不得不发动地方军队协助，其中最强的两支地方军队分别是曾国藩领导的湘军和李鸿章领导的淮军。淮军成立于同治元年（1862年），是从安徽江淮地界兴起的一支军队，训练有素，成为清廷镇压太平军的主要军队之一。

昭忠祠是清朝政府为纪念战死沙场、为国捐躯的将士们而建立的一种特殊的祭祀建筑，代表了一种权威、官方的祭祀形式，最初所建的昭忠祠只允许清朝八旗官兵入祠。由于在长期转战各地、守卫海疆的过程中，淮军有大批将领兵丁战死于沙场或积劳病故，为褒奖、祭祀这些将领兵丁，作为淮军将领的李鸿章请奏按照官方制度修建淮军昭忠祠。

同治三年（1864年），第一座淮军昭忠祠在无锡建成。据统计，淮军在各地所建的昭忠祠一共有9座，修建时间在同治三年（1864年）到光绪十八年（1892年）间，分别位于江苏、湖北、广西、台湾、河北、天津、安徽等地，其中有淮军独建，也有淮军与楚军、湘军共建的昭忠祠（见表1-4）。

---

① 会馆修建缘起·绩溪义园记：卷四[M]//京都绩溪馆录，1831（道光十一年）印刻．

表 1-4　全国淮军昭忠祠统计表

地区	名称	修筑时间	具体位置
江苏	无锡淮军昭忠祠	同治三年（1864年）	惠泉山麓
	苏州淮军昭忠祠	同治十三年（1874年）	南显子巷18号
湖北	武汉淮军昭忠祠	同治十一年（1872年）	江夏县(今武昌区）保安门内墩子湖旁
广西	镇南关湘淮军昭忠祠	光绪十三年（1887年）	镇南关
台湾	凤山淮军昭忠祠	光绪三年（1877年）	南部凤山县
	台北淮楚昭忠祠	光绪十一年（1885年）	台北府城
河北	保定淮军昭忠祠	光绪十四年（1888年）	保定古城区西南隅
天津	天津淮军昭忠祠	光绪十八年（1892年）	金钢桥北岸迤西
安徽	巢湖淮军昭忠祠	光绪十八年（1892年）	中庙街道中部

资料来源：袁浩浩《长江流域淮军昭忠祠建筑研究》，安徽建筑大学2017年硕士论文。

淮军昭忠祠以祭祀为主，常作为安徽会馆的附属功能，或者建于安徽会馆旁侧，形成规模宏大的建筑群。其一方面使同乡人联系更为紧密，凝聚乡情；另一方面也是安徽人在此地身份的象征。据历史记载和作者调研成果，多处安徽会馆与淮军昭忠祠都有着密不可分的关系，如：武汉淮军昭忠祠西边紧邻同治七年（1868年）所建的全皖会馆；台湾凤山淮军昭忠祠由闽省安徽会馆管辖；苏州淮军昭忠祠和安徽会馆均位于惠荫园内部；保定淮军昭忠祠建筑群分为三部分，分别是李鸿章专祠、淮军将领专祠和淮军公所（见图1-13）。

图 1-13　保定淮军昭忠祠

（四）以仕为主的官绅会馆

安徽会馆的建设离不开安徽官员的协助，而安徽官员从科考一步步晋升，亦承蒙安徽会馆的恩惠，因此也将所得的一部分捐赠与安徽会馆，甚至有些官员致力于安徽会馆的建设，将其作为驻足的主要场所。

晚清时期，在外地具有一定影响力的安徽籍官员不胜枚举，其中影响最大的是曾担任直隶总督的李鸿章。李鸿章出生于安徽合肥，是晚清重臣、淮军创始人、洋务运动的主要倡导者之一。无论是苏州的安徽会馆还是北京的安徽会馆，他都曾给予巨大的支持和帮助。

清末，安徽籍商人、官员等在北京人数众多，所建会馆数量虽多，但规模都不大，均为府、州、县级别，不适用于大型集会场合。因此以李鸿章为首的官员们纷纷倡议并捐款修建省级安徽会馆，北京安徽会馆由此诞生（见图1-14）。当时北京安徽会馆规模为京城之最，被称为"京师第一会馆"。北京安徽会馆接待过很多安徽籍名人，也发生过许多著名历史事件，还曾是维新派集会的场所。

图1-14　北京安徽会馆

苏州安徽会馆在城内、城外分设两馆：一馆为官员议事、娱乐、承办大型活动之用，一馆作为同乡人的寄居场所。苏州安徽会馆主馆以园林之秀美著称于世，李鸿章借用惠荫园中景观创造出"惠荫八景"，将园林景观与会馆融合，成为创举。副馆位于上塘河北岸，徽派建筑风格鲜明。

北京安徽会馆和苏州安徽会馆的性质均为官绅会馆，供安徽籍同乡使用，对安徽人的思想认同起到了重要的推动作用。

二、安徽会馆等级划分

明清时期，中国行政区划最高为省级，其次是府（州）级，再次是县级。而于会馆而言，其等级也有高低之分。本节将安徽会馆的等级划分为省级会馆、府（州）级会馆和县级会馆三个层次。

除了省、府（州）、县商人和官员独建的会馆之外，也有与相邻地区共建的会馆，如旌德县与太平县商人共建的泾太会馆，此为县级共建会馆；徽州府与宁国府商人共建的徽宁会馆，此为府（州）级共建会馆；而安徽建省之前隶属于江南省，因此当时的省级会馆都是以江南会馆命名，可看作江苏、安徽省级共建的会馆。

（一）县级会馆及县级共建会馆

县级会馆是会馆等级分类中最小的单位，最早的县级会馆是来自太平府芜湖县官员在北京建立的北京芜湖会馆。相对来说，县级会馆规模最小、数量最多。据作者初步统计，明清至民国时期安徽县级会馆共有98座，宁国府旌德县和泾县所建会馆数目最多。县级共建会馆共有14座，基本都是宁国府各县共建，其中泾县与太平县共建会馆数目最多，说明这两县的经营贸易和活动范围重合度最高（见图1-15）。

（二）府（州）级会馆及府（州）级共建会馆

府（州）级会馆及府（州）级共建会馆的规模和数量都介于县级和省级会馆之间，据作者初步统计，明清至民国时期安徽府（州）级会馆有97个，其中，徽州府建设的会馆占据绝大多数，足以说明徽州人团结一心、互利共赢，实力不容小觑。府（州）级共建会馆共8座，主要是徽州府与宁国府共同建设，说明这两地商人和官员在外贸易和经营频率最高（见图1-16）。

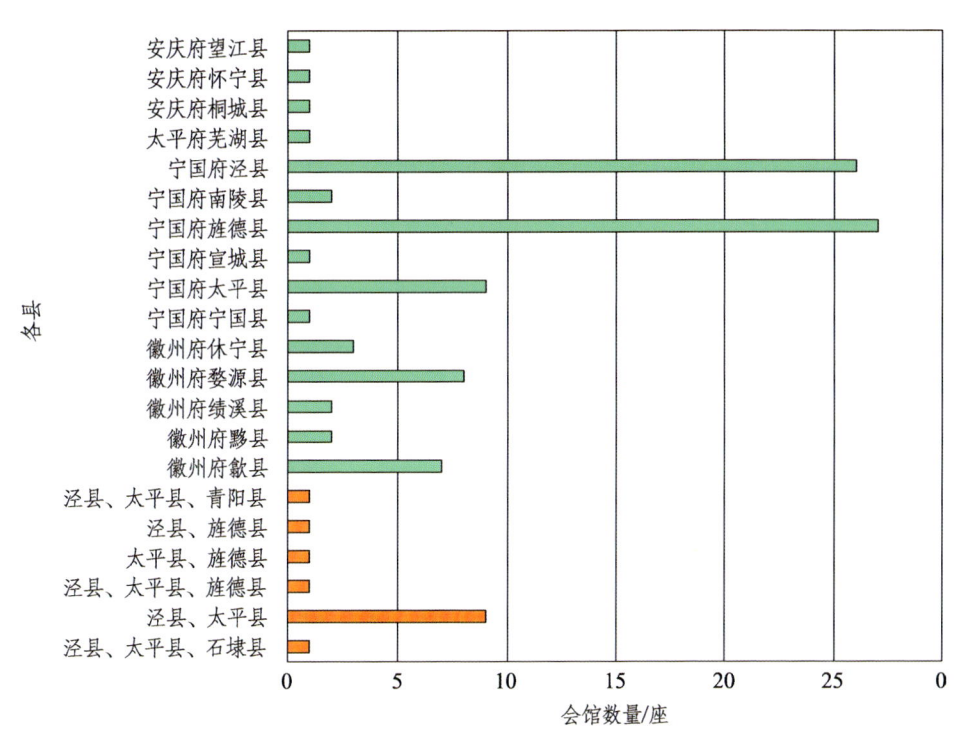

图 1-15　县级会馆与县级共建会馆数量统计表

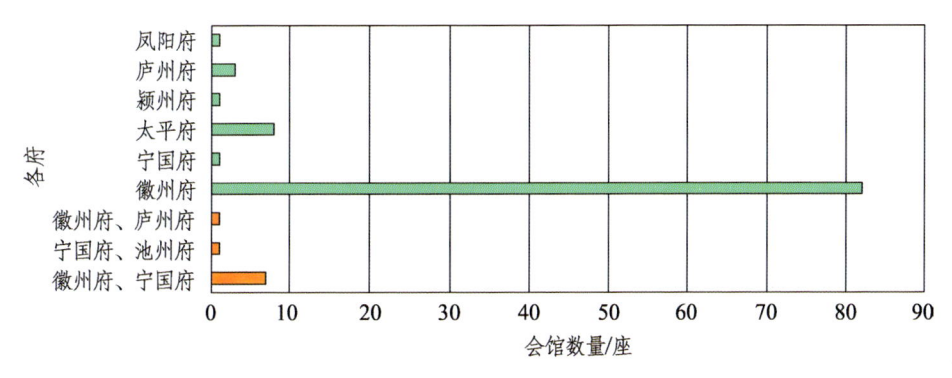

图 1-16　府（州）级会馆与府（州）级共建会馆数量统计表

（三）省级会馆及省级共建会馆

省级会馆及省级共建会馆的规模最大、数量也相对最少，据作者初步统计，明清至民国时期安徽省级会馆共有20座，省级共建会馆共有11座，以安徽省与江苏省共建居多，多数省级共建会馆与盐业相关（见图1-17）。

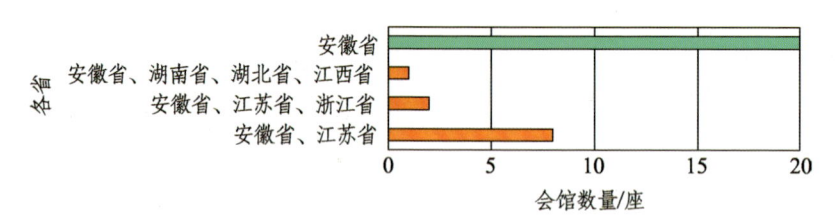

图 1-17　省级会馆与省级共建会馆数量统计表

由图1-17可知，在所有安徽会馆中，徽州府与宁国府所建会馆数量独占鳌头。而宁国府以县为单位外出经商较多，徽州府则选择以府级进行贸易活动，相对来说府级人数更多、贸易范围更广、经营实力更强，这也是徽商能够成为数一数二的商帮的原因之一。安徽省与江苏省在明清时期联系紧密，常建江南会馆，共同经营。

第三节　安徽会馆的祭祀信仰

信仰是人与人之间最强有力的联结，而会馆的祭祀对象正是某一地区信仰的代表，也是其价值观的体现。祭祀对象不仅仅影响了会馆的建筑布局和空间形态，也是当地文化的一种标志。会馆会依照习俗在每年的特定时间举办大型祭祀朝拜活动。

受地域因素影响，安徽皖北、皖中、皖南三区文化差异大，这也导致了其信仰的不同，且不同时期和历史事件的发生都对会馆的祭祀对象有所影响。有些神祇是多数商帮共同信奉的，如侠肝义胆、重情重义的关公，其中，山陕会馆与关帝庙的结合，代表了山陕商人诚信经营、重义轻利的美好品质；科举型会馆和书院型会馆中常祭祀文昌星和魁星，认为其掌握学子科举命运；几乎所有会馆中都会设置家祠以祭祀祖先先贤。除这些共同的信仰之外，安徽会馆也有独特的信仰，根据地区和时间的不同，安徽会馆的祭祀对象可以总结为以下几种特征。

一、祭祀准提——江南省会馆

会馆中祭祀神灵，代表商人怀着虔诚之心，希望得到神灵的庇佑。不同地区孕育出不同的信仰，如：福建会馆又称天后宫，祭祀妈祖；江西会馆又称万寿宫，祭祀许真君；等等。而江南省受到佛教的浸沐已深，祭祀准提观音，江南商人相信准提观音可以为其清除业障，佛法为"百无禁忌，有求必应"。

汉口新安书院最早的雏形是由旅居汉口的徽僧长乐所建的准提庵，后来因为准提庵规模过小，徽商在此地加建徽州会馆和新安书院。在很长一段时间内，准提庵作为徽州商人修炼佛法的场所，与徽州会馆、新安书院并存。重庆江南会馆原址在东水门正街，现已不存，江南会馆又称准提庵，供奉准提观音，会馆中实力最强的商帮为泾县商帮。作者在调研南京泾县会馆时，意外发现泾县会馆不远处亦有一座准提庵，可见准提观音对江南地区信仰的影响可谓根深蒂固（见图1-18、图1-19）。

二、祭祀朱子——徽州会馆

徽州是朱子故里，徽州人从小饱读诗书，学习程朱理学，朱熹的思想已深入骨髓，几乎所有徽州的府学、县学都会供奉朱子。徽商在外地也沿袭了这一风俗习惯，将朱子奉为乡土神，祭先贤而不祭虚无缥缈的神灵，一方面是因为祭祀朱子可以起到联系乡情的作用，能激发同乡人的心理认同，让同乡人在外地有归属感，有庇护所，能够齐心协力，共同面对困难。另一方面是因为朱子的思想本身对于徽商有一定的指引作用。朱子的外祖父祝确，因经商而富可敌过半州，朱子也曾开书坊买卖书本以谋生，朱子强调，行业本无贵贱之分，只要不做伤天害理、损人利己之事，同样是正途，因此备受徽商尊敬，几乎每一座徽商会馆都有祭祀朱子之记载。除朱熹之外，徽州地区的乡土神还有汪公汪华、张公张巡等人（见图1-20）。

图1-18　南京泾县会馆与准提庵林航拍图

图 1-19　南京泾县会馆旁的准提庵林

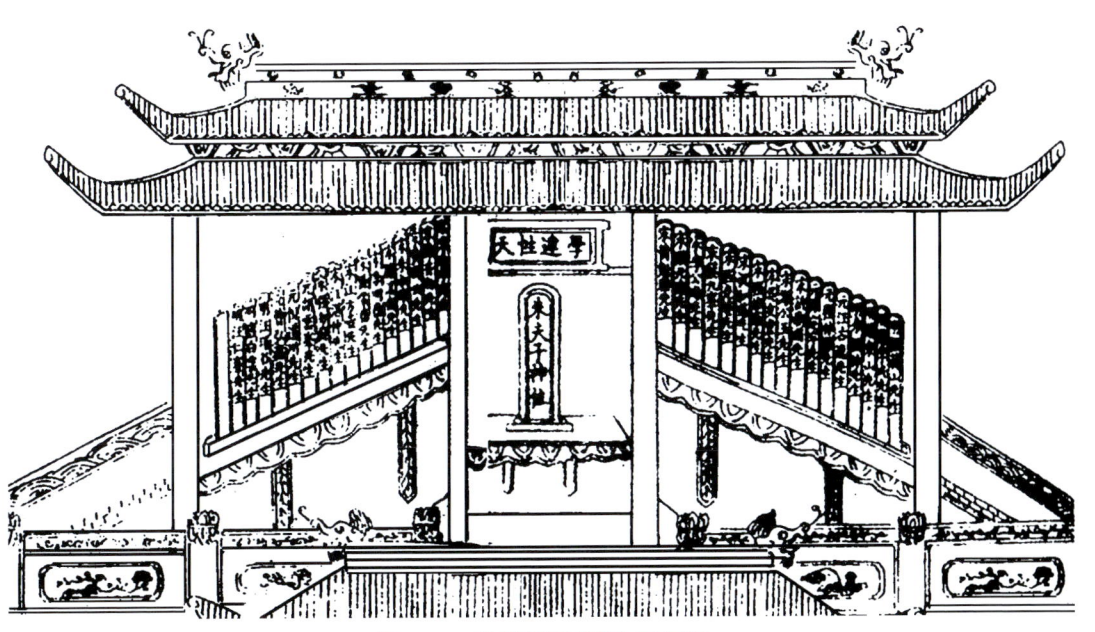

图 1-20　徽州紫阳书院朱子祠堂
（图片来源于施璜编《紫阳书院志》，黄山书社 2010 年版）

三、祭祀淮军——昭忠祠与淮军会馆

淮军昭忠祠本就是为纪念淮军而建,因此祭祀的是淮军将领。昭忠祠可看作安徽会馆中承担祭祀功能的建筑,由于多数昭忠祠都是由李鸿章倡建的,因此在李鸿章去世后,祠中都会增加李鸿章专祠或者其牌位(见图1-21)。

(a)

(b)

图1-21 巢湖淮军昭忠祠

四、多重祭祀——安徽省级会馆

安徽省级会馆是为全省旅居外地的同乡人而建的，承担了大规模的祭祀与娱乐等必要性活动。因安徽南北地域文化的差异性，在安徽省级会馆中，往往会择南北两地乡土神各其一以祭拜，以兼顾南北两地的信仰，因此，祭祀活动呈现出多重性的特点。

苏州安徽会馆作为大型省级会馆，祭祀祠堂最中心的位置同时放置朱子和包公的神位。其中，朱子代表皖南地区的信仰是毋庸置疑的，而包公出自皖中，也广受皖北地区人民尊重，因此代表皖中和皖北的信仰，两者不分伯仲。北京安徽会馆祭祀朱子和闵子，闵子字子骞，是孔子的弟子，对儒家文化的传播做出了巨大贡献。闵子生于安徽宿州，选择他作为皖北地区的乡土神，能起到维持会馆南北地区平衡的作用。

由于徽州府在皖南地区独占鳌头，在安徽省级会馆中，代表皖南地区的乡土神无一例外都是朱子，而皖中和皖北地区实力均衡，因此没有固定的神灵，关公、闵子、包公都曾作为安徽北部和中部地区的代表性乡土神而被祭祀。

第四节　安徽会馆比较研究

一、南北之别

安徽人在全国各地建立会馆，既会保留一定的安徽特色的建筑风格，又会受到当地文化的影响，会馆的建设体现了地域文化的交流与融合。

南方的安徽会馆，如苏州、扬州、南京的安徽会馆，由于地理位置离安徽相对来说较近，因此在建筑材料上更多地采用了徽州当地的砖石、木材，通过水路进行运输，并聘请徽州当地工匠建造，具有更浓厚的原乡性特征。

而北方由于距离安徽较远，建筑材料的运输成本较高，且当地的安徽会馆大多是由本地工匠修筑的，因此在建筑材料、装饰和空间设计等方面的原乡性表达相对较弱。北方的安徽会馆在建造过程中，也会适应当地的风俗习惯和建筑风格，融入一些当地的元素，使得会馆具有一定的在地性。

从建筑风格的角度来说，南方安徽会馆更注重与周围环境的和谐、统一。建筑以谦逊的姿态，融入环境之中。南方天气温热多雨，建筑设计应充分考虑排水，空间尺度相对来说较小，注重通风和采光。而在细节和装饰方面，则更多地体现出南方建筑的精巧、细腻的特点，无论是马头墙、抱鼓石，还是门头、木结构等，都赋予丰富的装饰，装饰的主题多为山水、花鸟、人物故事等，形成精致、雅致的风格。南方安徽会馆建筑装饰细部更多地保留了建筑原本的色彩、材质，选用最古朴的材料，打造出精美的作品。而北方气候干燥、寒冷，需要充足的日照和厚实的墙体去抵御较为恶劣的天气。因此，北方安徽会馆相对来说更加厚重，更加注重整体的气势和稳定性，常常采用对称的布局，使得建筑看起来更加粗犷、大气。而在细节和装饰方面，也较为庄重华丽，色彩上偏好红、黄等鲜艳颜色，尽显权威与辉煌。

二、类型之分

以文为主的科举型会馆与书院型会馆以文人和莘莘学子作为使用主体。其中科举型会馆是相对来说建设时间最早的会馆类型，为方便使用，常选址于贡院旁边的街道之中。科举型会馆仅在科考期间为学子提供住宿，因此一般规模较小。如今北京芜湖会馆仅存一间红砖房，墙面破败不堪，无人问津，因此不作为本章节研究的实例范围。

安徽书院型会馆在建设之时参考徽州传统书院的建筑布局与形制，但是其与传统书院建筑不同之处在于，书院型会馆既有教书育人也有商业贸易之功能，还能够承办大型祭祀活动。因此传统书院一般选址于僻静之地，为学子提供安静的学习环境，而书院型会馆则位于闹市之中。为了闹中取静，书院型会馆采用长长的前导空间将街道与位于书院中部的学堂、书屋、祠堂等主体建筑隔绝开来，而书院的前导性空间也呈现出"礼制空间与商业空间相互渗透"[①]的特点。徽州传统书院的祭祀对象一般仅为朱子和掌管科举的星宿，而书院型会馆中的祭祀对象则包含了对会馆有所贡献的商人、官员等，这也体现出商业化书院的特色。

商业型会馆因商人而建、为商人所用，会馆的建设主要满足经商的诸多要求。首先是选址方面，商业型会馆大多位于人声鼎沸的商业街区中，以便及时了解商业信息。在建筑布局方面，安徽商业型会馆一般以祭祀和议事功能为主，也会作为商品存储之库房。有些安徽商业型会馆是与其他地区同业商人共建的，具有同业会馆性质，但是安徽商人在其中独占鳌头，因此风格多与徽派建筑相似，如扬州南河下历史街区几乎全是徽派风格的会馆、商人住宅等。而商人为显示自己的经济实力和地位，也不惜在会馆建设中投掷大笔钱财。

以淮军为主的昭忠祠与淮军会馆、安徽官绅会馆相对来说建立时间较晚，直到晚清时期才大量出现。淮军和安徽官员在建设会馆之时，沿袭了科举型会馆、书院型会馆和商业型会馆的形制，所建会馆能够实现祭祀、议事、日常生活、休闲娱乐等多种功能。

其中昭忠祠和淮军公所相对来说功能更单纯，主要服务于淮军将领，以淮军演练兵法、讨论军事事宜、承办娱乐性活动等为主要功能，因此选址于较为空旷之处，且常位于寺庙旁，原因是昭忠祠中被认为有许多逝去的冤魂，需要寺庙中的神灵以镇守。昭忠祠中的祭祀对象多为淮军将领，在李鸿章去世后加入其祠堂或灵位。

安徽官绅会馆中不限制使用对象的身份，大多官绅会馆为省级会馆，相对来说功能更全面，形式也更多样。安徽官绅会馆多选址于政治要地，

---

① 赵胤杰. 武汉三镇会馆建筑研究[D]. 武汉：华中科技大学，2021.

临近官员办公的场所，功能则更倾向于祭祀、商议时事、休闲娱乐等。且安徽官员在选址与建造时常常考虑将园林要素融入会馆建设，使得会馆成为一处优美的景点。安徽官绅会馆的祭祀对象呈现出多元化的特点，可能会祭祀文昌、魁星、朱子、闵子、包公等，囊括皖南、皖中、皖北三地的信仰（见表1-5）。

表1-5　文、商、军、仕多类型视野下的安徽会馆比较研究一览表

会馆性质	文	商	军	仕
建筑类型	科举型会馆与书院型会馆	商业型会馆	昭忠祠与淮军公所	官绅会馆
建设主体	安徽官员、商人	安徽商人或与其他地区同业商人共建	安徽官员、淮军	安徽官员
建设时间	相对较早	相对较早	相对较晚	相对较晚
使用主体	文人、安徽籍学生、应试考生	安徽商人或其他地区同业共建商人	安徽官员、淮军	安徽官员
选址特征	闹中取静	人声鼎沸的商业街区	开阔之处	政治要地，临近官员办公的场所
主要功能	教书育人、商业贸易、承办祭祀活动	祭祀、议事、商品存储	淮军演练兵法、讨论军事事宜、承办娱乐性活动	祭祀、商议时事、休闲娱乐
祭祀对象	文昌、魁星、朱子、闵子等文人，以及对会馆有贡献的义士	依据地域有所区别，如徽州商人祭祀朱子，另有关羽、忠烈王、汪公、张公、包公等人	李鸿章、淮军将领	多元化，文昌、魁星、朱子、闵子、包公等，囊括皖南、皖中、皖北三地信仰

续表

会馆性质	文	商	军	仕
实际案例	汉口紫阳书院、无锡紫阳书院等	扬州四岸公所、扬州场盐会馆、扬州盐务会馆、扬州徽州会馆、扬州旌德会馆等	保定淮军公所、苏州淮军昭忠祠等	苏州南显子巷安徽会馆、苏州上塘河安徽会馆、北京安徽会馆等

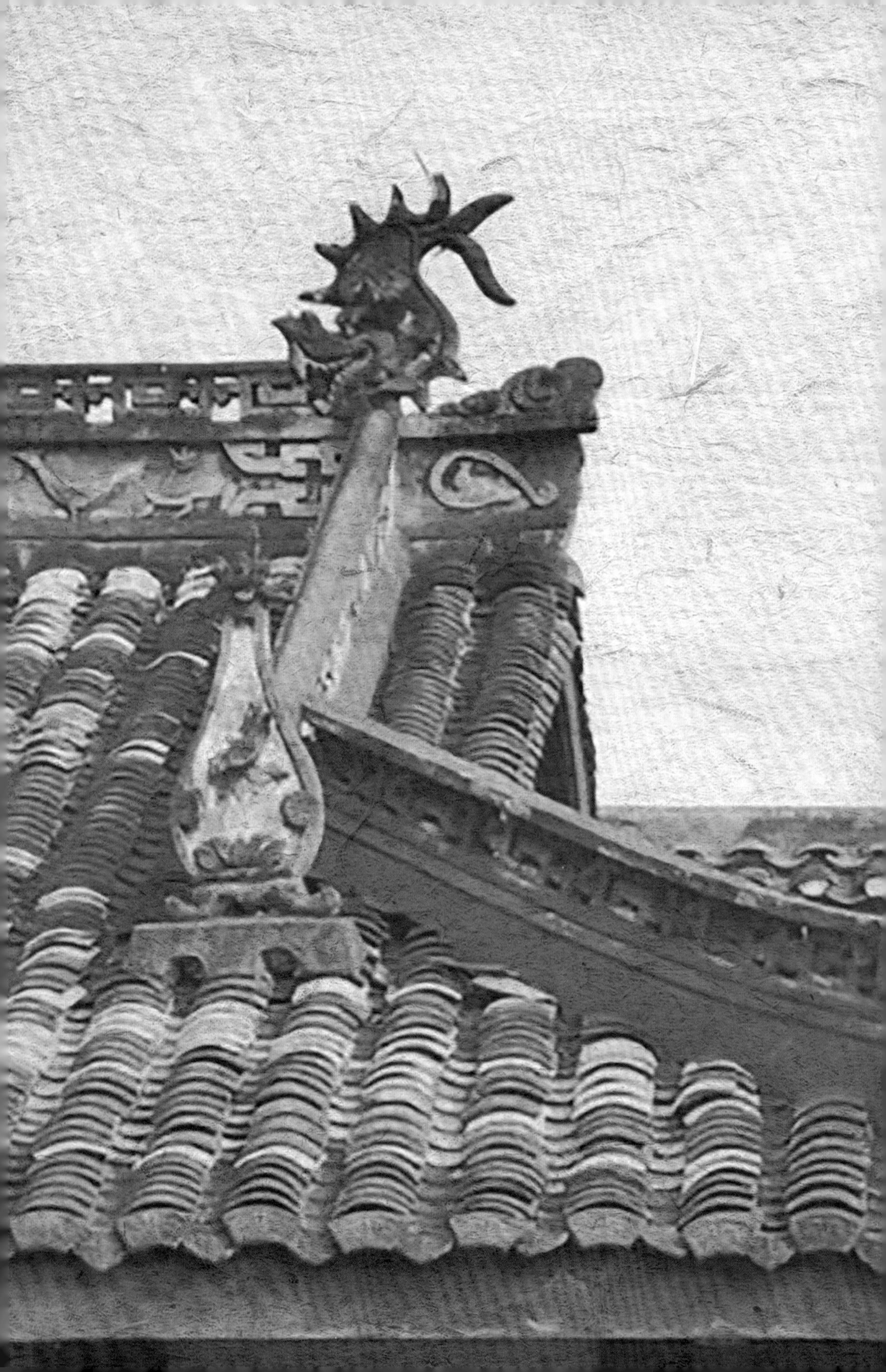

第二章 安徽会馆的分布与发展

随着安徽经济实力与地位的增强，安徽会馆也在各地得到不断的建设和发展，主要表现在安徽会馆的分布愈加广泛，规模持续扩大。安徽会馆是安徽人足迹的见证，研究安徽会馆的分布和安徽会馆的发展线路，对于研究安徽历史具有重要意义。据作者统计，历史上存在过的安徽会馆数量达285座，全国大多数省份都有安徽会馆的存在（见图2-1）。

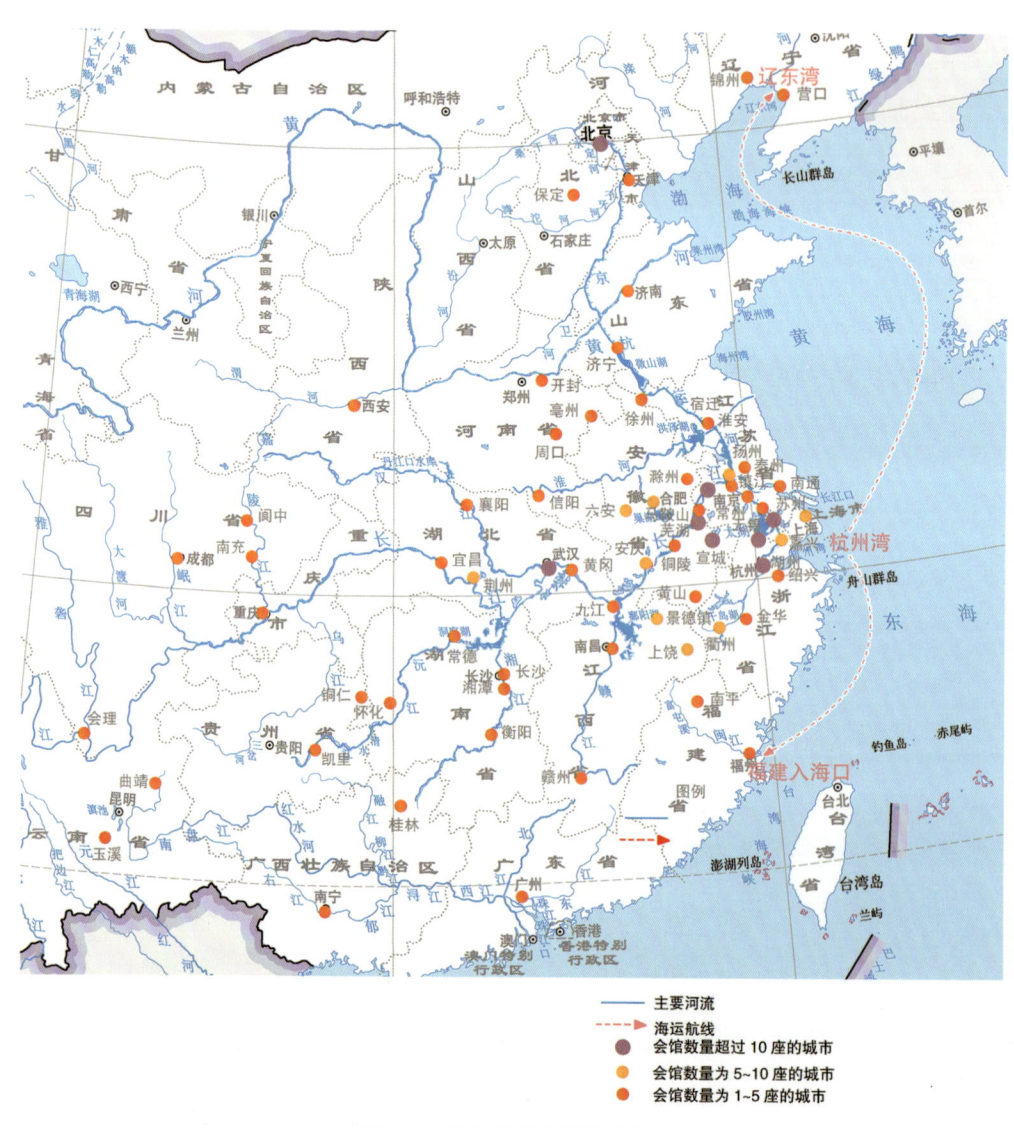

图2-1 安徽会馆全国分布图

第一节　安徽会馆的分布特征

受地形地貌影响，中国整体呈现西高东低的形态，且河流、湖泊众多，自然形成的两条最长的河流——长江、黄河从西处最高点青藏高原一路向东流淌，滋养着无数的中国人，也被称为中国的母亲河，因此我国东西方向畅行无阻。而南北向地势高低不平，无法形成天然河流通道，只有间断的河流可通航。这种情况一直持续到元代京杭大运河裁弯取直，自此，中国的南北大通道正式形成，运用船闸等先进技术打通的京杭大运河北达北京、南抵杭州，连接了中国的政治中心和经济中心，为商品流通、人员出行等带来了无尽的裨益。

安徽"东临运河，长江穿省而过"的地理位置为其发展提供了绝佳的条件，也将会馆建设的主力军——安徽商人带向全国各地。安徽会馆的建设并不是毫无章法的，聪慧过人的安徽商人依托水运，选取最有利的地点建设会馆，占据先决优势条件。因此，安徽会馆的分布与河流流向息息相关，"因水而兴，临水而居"，使安徽人取得得天独厚的优势。不仅如此，城市中会馆的选址也颇有讲究，每个城市中安徽会馆的存在都有其特定的原因及价值，城市的发展影响会馆的分布，会馆的形式又反作用于城市的形态，两者相互关联、共同发展。

一、沿"南北大通道"京杭大运河流域分布的安徽会馆

大运河的修筑历经波折，隋唐时期大运河沿永济渠西抵与黄河相连的河南荥阳，经通济渠向南至泗州与淮河相连，通过淮河从泗州行至楚州后经邗沟到达扬州与长江相连，最后再顺着江南运河到达杭州。元朝首都移至北京，为方便南北通航，大运河在山东至江苏段取直，又修筑了通往都城的通惠河。

这对于安徽人来说无疑是个巨大的优势，它不仅方便了学子踏上首都

求学从官之路，也为商人带来丰厚利润。前文提及，徽商的支撑性产业是盐业，而运河两边分布了两淮盐厂，通过运河运输盐、竹木、茶叶等货物让安徽商帮一举成为数一数二的商帮。在这条"流淌的财富"旁建的安徽会馆自然也是不计其数。据作者初步统计，沿京杭大运河流域分布的安徽会馆共有80座（见图2-2、图2-3、表2-1）。

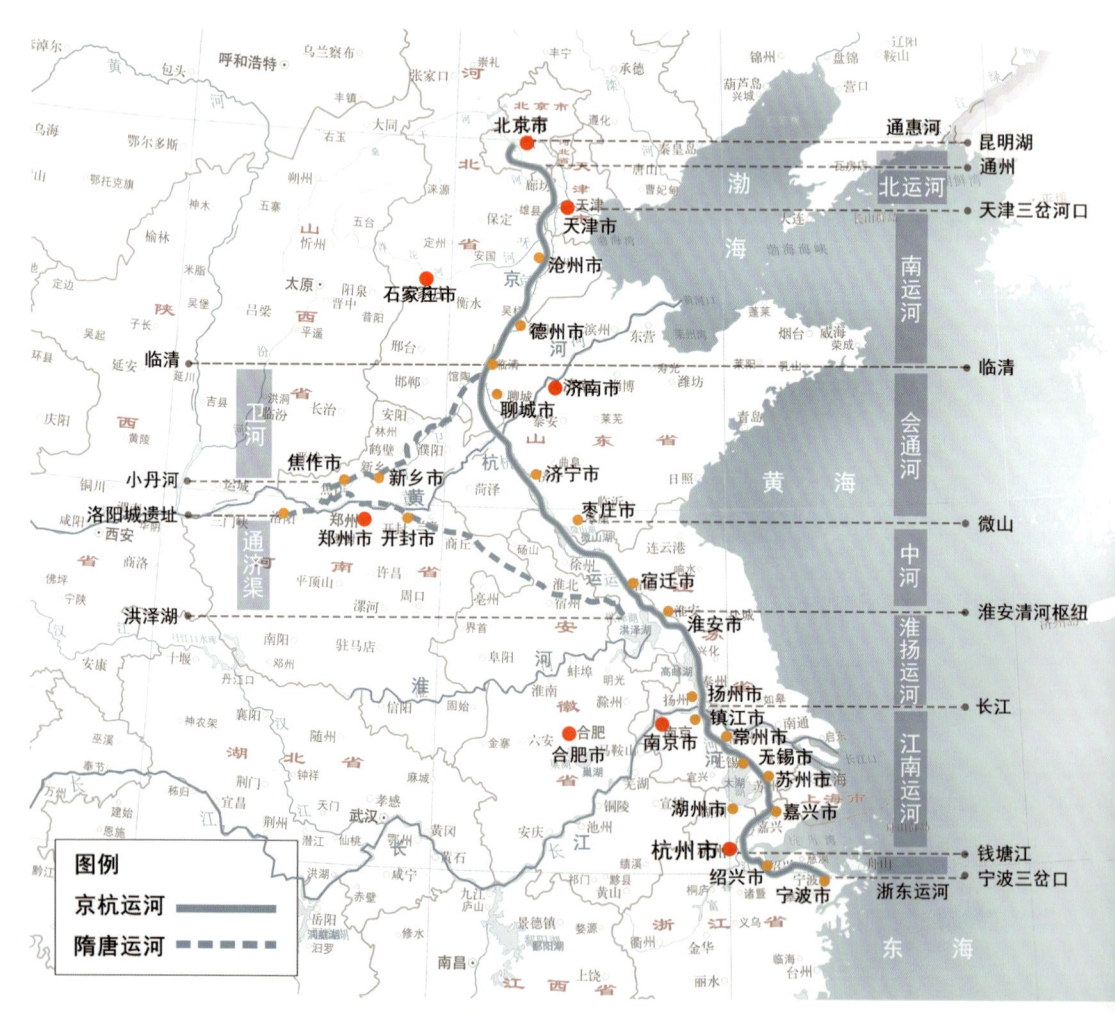

图 2-2　隋唐运河与京杭大运河演变图

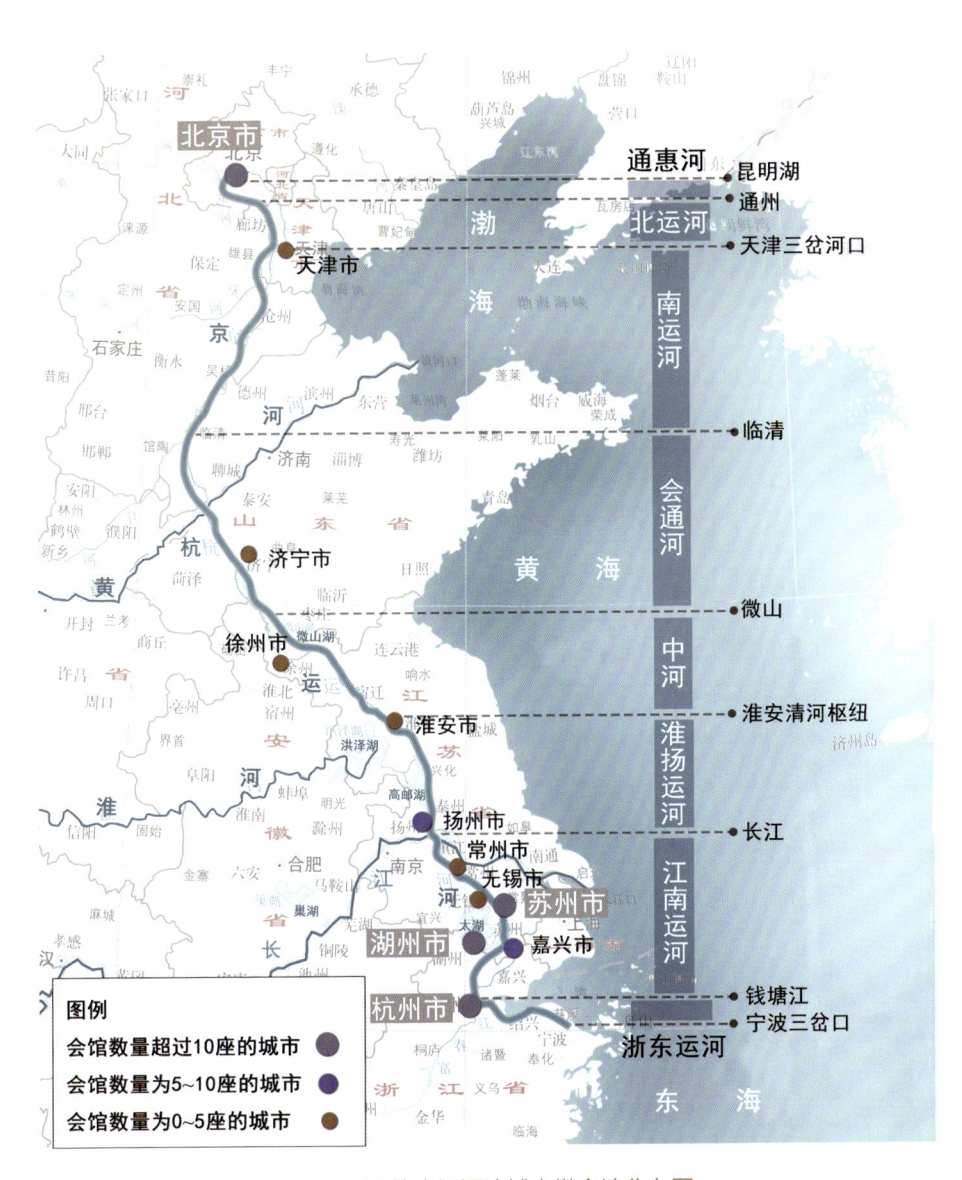

图 2-3　京杭大运河流域安徽会馆分布图

表 2-1　京杭大运河流域的安徽会馆

城市	会馆数量/座	会馆名称
北京	20	太平会馆　旌德会馆　颍州会馆　庐州会馆　芜湖会馆　休宁会馆　休宁东馆　徽州会馆（鹁儿胡同）　徽州会馆（三里河大街）　歙县会馆（南半截胡同）　歙县会馆（宣武门）　歙县会馆（菜市中街）　婺源会馆　婺源新馆　黟县会馆　绩溪会馆　安徽会馆　梁安会馆　泾县会馆　泾县会馆（新馆）
天津	2	周公祠　安徽会馆
济宁	2	徽宁会馆　安徽会馆
徐州	1	泾县会馆
淮安	2	新安会馆（清河）　新安会馆（莲花街）
扬州	7	安徽会馆　盐务会馆　四岸公所　徽国文公祠　旌德会馆（仪征）　旌德会馆（弥陀巷1号）　徽州会馆
无锡	2	徽州会馆　紫阳书院
苏州	14	安徽会馆　徽郡会馆　新安会馆（义慈巷东）　新安会馆（上塘街2号）　大兴会馆　徽州旅享堂　高宝会馆　梅园馆　旌德会馆　徽宁会馆　太平庵　宣州会馆　宣州会馆（宛陵会馆）　烟业公所
湖州	14	新安会馆（南浔）　新安会馆（蒋湾圩）　新安会馆（步云桥南）　新安会馆（乌青）　新安会馆（菱湖）　新安公所（泗安）　新安公所（乌青）　绢业公馆　绢业公馆（新馆）　旌德会馆　式好堂　泾邑会馆　泾县会馆　朱文公祠
嘉兴	5	新安会馆（嘉兴）　新安会馆（平湖）　新安会馆（嘉善府城内）　徽州会馆　徽商会馆
杭州	11	徽商木业公所　徽商公所　安徽会馆　泾县会馆　新安会馆（寿昌县城南）　新安会馆（遂安）　新安会馆（富阳）　徽国文公祠　徽国文公庙　徽州会馆　新安怀仁堂　新安惟善堂

1. 北京——运河起点、政治性与经济性并存的安徽会馆

北京是京杭大运河的起点，北京的安徽会馆无论是在数量上还是在规模上都是首屈一指的，这是由北京的政治、经济、文化地位决定的。前文提及，北京的安徽会馆最初是以科举型会馆的形式存在的，后期随着安徽会馆规模扩大，经营难度增加，会馆需要依托商人雄厚的经济实力以维持正常运作。因此，北京的安徽会馆逐渐由单纯的官员建立变为官商合建，政治性与经济性并存的特征尤为明显。如北京歙县会馆初期是由在京歙县官员操办的，在扩建的过程中得到从事盐业和茶业生意的歙县商人资助，由官办变为官商合办。

北京的安徽会馆共有20座，其中：太平会馆，位于前门东草场三条胡同；旌德会馆建于明代，后因规模不足又添置新馆，新旧馆分别位于京师大蒋家胡同、小蒋家胡同和羊肉胡同；泾县会馆于万历四十七年（1619年）修建，乾隆十一年（1746年）筹建新馆，一座位于内城，一座位于外城；来自皖中地区的商人建设了颍州会馆和庐州会馆；徽州会馆有两座，分别位于前门外鹞儿胡同和三里河大街；休宁会馆旧馆位于丞相胡同路西，后又新建东馆于长巷上四条胡同中间路东；歙县会馆除去菜市中街有其一，还在南半截胡同和宣武门大街路西各有一座；婺源会馆旧馆位于石猴儿胡同中间路西，配有义园埋葬在京去世的婺源人，新馆位于正阳门外大耳朵胡同内；黟县会馆同歙县会馆建于一处，都位于南半截胡同路西；绩溪会馆位于椿树头条胡同路北；旅居北京的绩溪人于明万历二十三年（1595年）所建的梁安会馆位于北京琉璃厂中间桥东；李鸿章出资购置孙公园而改造的全省会馆——安徽会馆，位于北京市西城区后孙公园胡同3号、25号、27号，是北京规模最为宏大的会馆建筑群（见图2-4）。

2. 天津——运河北段最低点的安徽会馆

天津是京杭大运河北段的最低点，有多条河流从四面八方经天津入海，也是众多商人来京或返程的栖息地，因此，这里修建了许多会馆建筑。其中，安徽人于咸丰四年（1854年）在天津城总督衙门西三马路口建

安 徽 会 馆

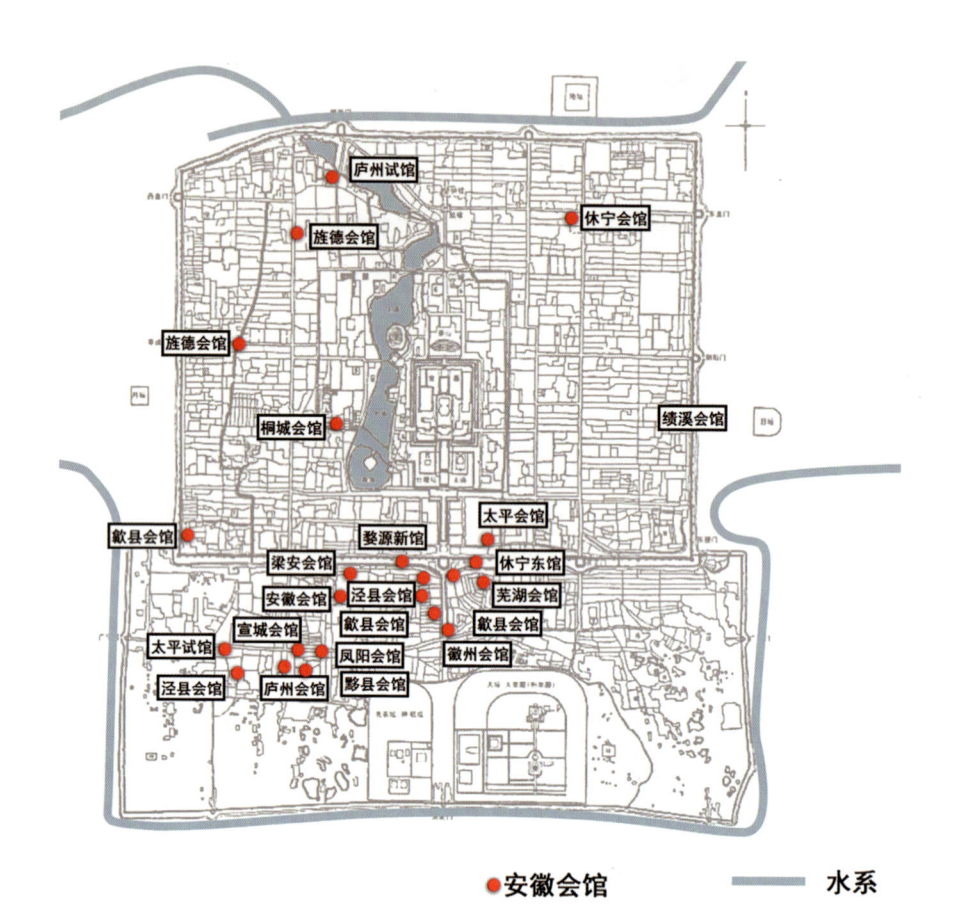

图 2-4　北京安徽会馆分布图示
（底图来源于侯幼彬、李婉贞编《中国古代建筑历史图说》，
中国建筑工业出版社 2002 年版）

立了安徽会馆，后又改为李公祠，与天津淮军昭忠祠建于一处，建筑虽已不存，但是仍有李公祠大街等地名作为昔日辉煌的见证；位于津南区小站镇会馆村的周公祠是为纪念李鸿章部下周盛传、周盛波而建（见图2-5）。

3. 济宁——运河最高点的安徽会馆

济宁是京杭大运河地势最高点，这里设置了南旺枢纽以及众多闸口辅助船只通行，很多船只在这里短暂停留休憩，商人络绎不绝，商业十分繁荣。早在明朝天启年间，就有安徽商人踏足济宁地界，并在旧城南门外福

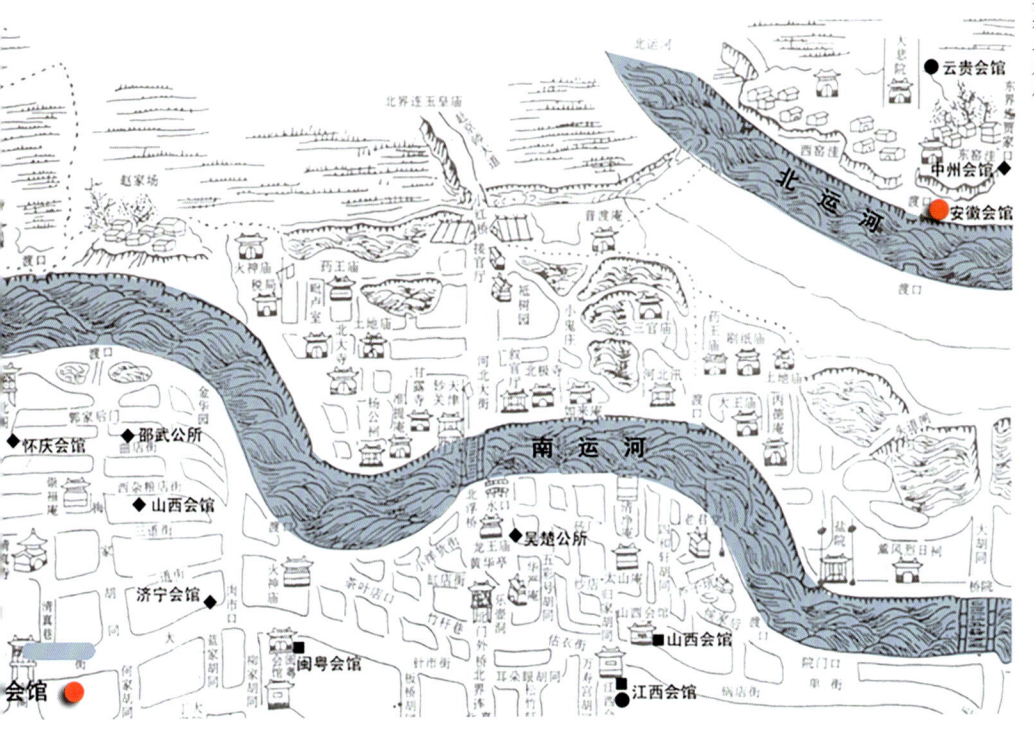

图 2-5 天津安徽会馆分布图示

（底图来源于沈旸《明清时期天津的会馆与天津城》，载《华中建筑》2006 年第 24 卷第 11 期，第 102-107 页）

瑞街北首路西修建安徽会馆一座，清代徽州府与宁国府的商人合力在微山县夏镇街道部城小学后院内建立了徽宁会馆。

4. 淮安、扬州——因淮盐而兴的安徽会馆

淮安地界有黄河、淮河、运河穿城而过，水路通畅，且有淮安盐场，因此安徽商人纷至沓来。"自府城至北关厢，由明季迄国朝为淮北纲盐顿集之地，任鹾商者皆徽扬高资巨户，役使千夫，商贩辐辏。"[1]淮安的安徽会馆有两座，分别是位于清河县城西北隅由徽商建设的新安会馆，以及位

---

① 孙云锦，修，吴昆田，高延第，纂. 光绪淮安府志：卷二·疆域[M]. 刻本. 1844（光绪十年）．

于淮安区淮城镇河下村莲花街于道光初年建设的新安会馆，又名灵王庙，由徽州盐商与典当商人共建。

扬州是两淮盐业营运中心，盐在此集中分配到盐场管辖范围内的各个地方，因此，各省商人来来往往，络绎不绝，在此地建立了多座与盐务有关的会馆。而两淮经营盐业生意的商人中势力最强的便是徽商。"扬州之盛，徽商开之"，清代扬州八大盐商中，徽商占据四席，徽商大大促进了扬州的经济发展，扬州城中也不乏安徽会馆。

安徽人在扬州共建7座会馆，大部分因盐而起。歙县人程恒生担任两淮盐运使一职，并在广陵区东关街396、398、400号建立盐务会馆；四岸公所为湖南、湖北、江西、安徽四省共建，供四省盐务相关人员联合办公之用，位于广陵区新仓巷社区丁家湾118号；安徽会馆位于花园巷内；旌德会馆有两座，分别位于仪征和弥陀巷1号；徽国文公祠是徽州府六邑共建的会馆，位于江都；徽州会馆由徽商建于光绪十一年（1885年），位于广陵路小流芳巷（见图2-6、图2-7）。

5. 苏州、湖州——运河与太湖汇聚点的安徽会馆

南宋时期民谚有云："苏湖熟，天下足。"这印证了苏州与湖州商业之繁华、经济之繁盛。

苏州的会馆大多位于苏州城与运河之间。随着商人地位的提高，苏州会馆的规模不断扩大，位置也呈现"由边缘向中心移动"[1]的现象。安徽商人近水楼台，抓住商机，在苏州的事业可谓蒸蒸日上，也建立了大量安徽会馆建筑。晚清时期，李鸿章曾任江苏巡抚一职，奉命管理苏州城，他也为苏州带来了近代化的变革。

据作者初步统计，苏州的安徽会馆共有14座。由徽州府商人创办的徽郡会馆位于镇抚司前16号；新安会馆位于五图义慈巷东；由歙县商人独立出资的新安会馆位于阊门外上塘街2号；大兴会馆位于娄门外潭子里10号；

---

[1] 陈薇.走在运河线上：大运河沿线历史城市与建筑研究[M].北京：中国建筑工业出版社，2013：17.

第二章 安徽会馆的分布与发展

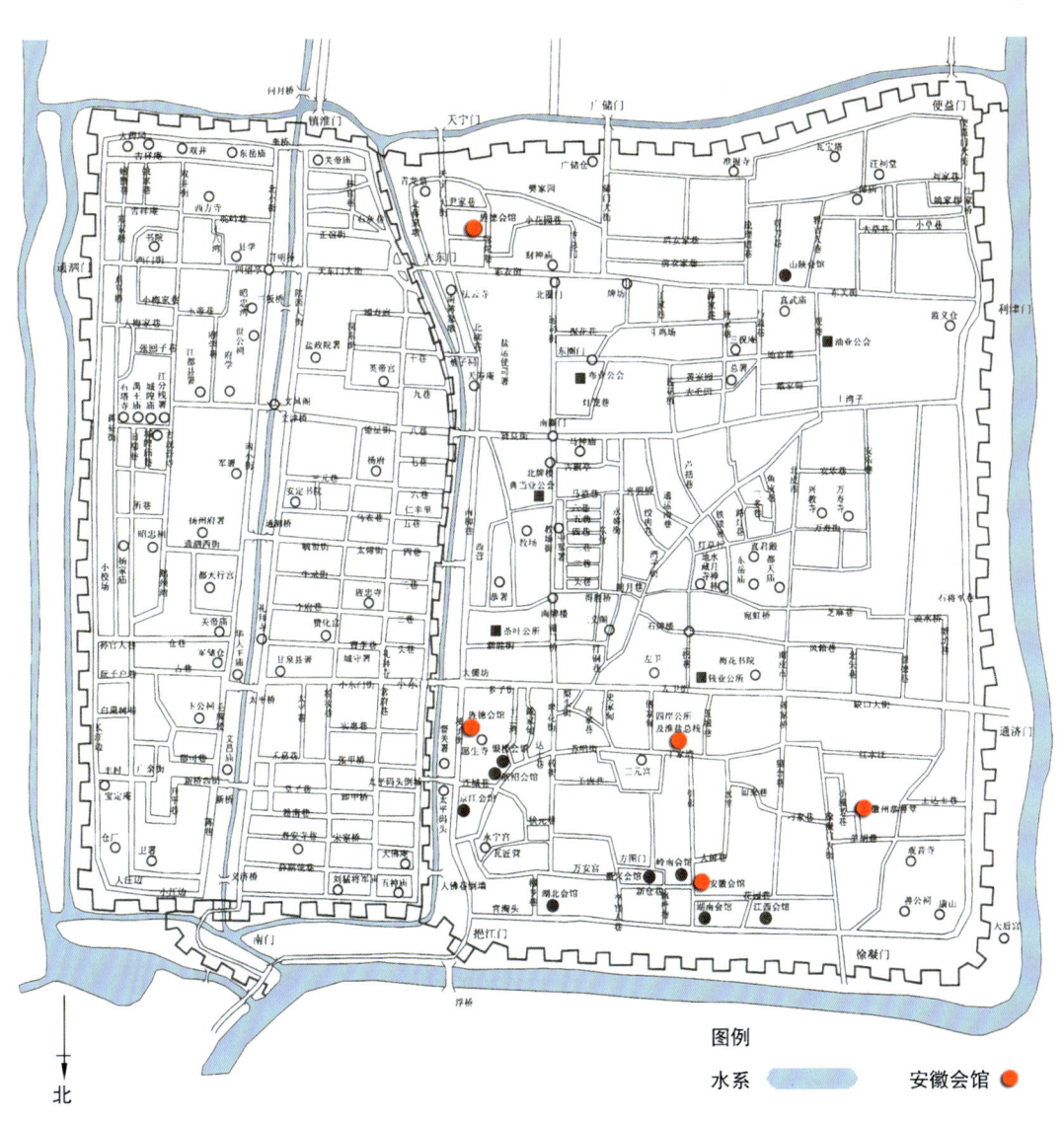

图 2-6　明清扬州安徽会馆分布图
(底图来源于沈旸《扬州会馆录》，载《文物建筑》2008 年第 1 期，第 27-42 页)

图 2-7　如今扬州安徽会馆分布图

　　高宝会馆地处闾门外潭子里10号，后演变为邵伯航业公所；徽州旅享堂位于苏州长州黄棣；梅园会馆位于常熟；徽宁会馆由徽州府商人与宁国府商人共建，位于吴江盛泽；宁国府有大量烟商活跃于苏州，他们创建了闾门内吴殿直巷的宛陵会馆、胥门外十一都十图的太平庵、闾门南城下的烟业公所；旌德商人在盛泽镇建设旌德会馆。李鸿章任职于苏州后，便将皖山别墅改为安徽会馆，后又修建淮军昭忠祠、程公祠、安徽先贤祠于此地，这座安徽会馆是官商合建会馆的代表（见图2-8）。

　　湖州的安徽会馆数量之多可与苏州匹敌。德清县城东门外蒋湾圩、新市镇步云桥南边、南浔镇、归安县菱湖镇、乌青镇各有新安会馆一座，共

图 2-8 苏州安徽会馆分布图示

（底图来源于沈旸《明清苏州的会馆与苏州城》，载《华中建筑》2006 年第 24 卷第 11 期，第 102-107 页）

五座；长兴县泗安镇和乌青镇各有一座新安公所；朱文公祠位于乌程县眺谷铺。湖州紧邻宁国府，因此宁国商人在此地也大有作为。宁国府绢商建设多座会馆建筑，分别是新旧绢业公馆、位于双林镇积善桥北的式好堂、菱湖镇泾邑会馆、归安县双林镇沈家桥北的泾县会馆，以及旌德商人在此建设的旌德会馆。除会馆之外，湖州还建有两处新安义园以安葬同乡人，分别位于归安县双林镇和德清县唐栖镇。

6. 杭州——运河终点的安徽会馆

杭州地理位置优越，地势平坦，水路便捷，是京杭大运河的终点，贯通南北，又是重要的海上港口城市。徽商通过徽杭水道可直达杭州。凭借近水楼台的地理位置、丰富的物产资源优势、吃苦耐劳的精神文化,安徽商人在杭州占据了一席之地。安徽会馆便是安徽商人在此留下的印迹。据统计,安徽商人在杭州建立的安徽会馆至少有11座。徽商木业公所是由旅居杭州的徽州木商于清乾隆年间创建的,位于候潮门外;新安怀仁堂和新安惟善堂分别是徽商在塘栖镇和海月桥桃花山麓设立的会馆善堂;徽商公所位于南关;新安会馆位于寿昌县城南;徽国文公庙位于福运门内;徽国文公祠建于建德县内;徽州会馆位于杭州城内;泾县会馆位于江干;严州府遂安县有一处关帝庙也做新安会馆之用;还有一处位于柴垛桥的安徽会馆,是由会馆改为学堂的典型案例。

二、沿"东西大通道"长江流域分布的安徽会馆

从青藏高原到巴蜀之地到江汉平原再到江南水乡,流淌的长江见证了我国的历史变迁。有了长江,中国人的迁徙和中华文化的传播才得以迅速完成。而被长江一分为二的安徽,自然得到了长江带来的诸多恩惠,同时,安徽人也为长江各地区的商品贸易与文化交流做出了贡献。沿长江流域分布的安徽会馆便是印证。据作者初步统计,沿长江流域分布的安徽会馆共有71座(见表2-2、图2-9)。

表 2-2　长江流域的安徽会馆

城市	会馆数量/座	会馆名称
重庆	3	太平会馆　泾太会馆　江南会馆
宜昌	1	太平会馆
荆州	7	徽州会馆(沙市)　徽州会馆(荆州府监利县)　安徽会馆　太平会馆(沙洋镇)　太平会馆(宜都县)　太平会馆(枝江县董市、三斗坪)　泾太会馆

续表

城市	会馆数量/座	会馆名称
武汉	11	新安公所　新安书院　新安笃谊堂　徽宁会馆　太平会馆（汉阳县汉口镇草纸街、衣铺街回龙寺）　太平会馆（汉口花楼街10号）　太平会馆（武昌区花园山西麓）　安苓公所　琴溪书院　旌德会馆　全皖会馆
黄冈	1	泾县会馆
九江	2	徽州会馆　新安笃谊堂
安庆	6	泾县会馆　旌德会馆　徽州会馆（安庆府内）　徽州会馆（怀宁县大墨子巷）　太平公所　泾太会馆
铜陵	2	泾太会馆　旌德会馆
芜湖	10	新安文会馆　徽州会馆（芜湖县）　徽州会馆（繁昌县天马门西首）　泾县会馆（芜湖县）　泾县会馆（南陵县横街头）　太平会馆　旌德会馆（芜湖县北廓）　旌德会馆（南陵县小南街）　泾太会馆　泾太公所
马鞍山	3	旌德会馆　泾邑会馆　泾邑义昌会馆
南京	14	太平会馆　新安会馆　安徽会馆　新歙会馆　歙县试馆　金东会馆　旌德旅淳同乡会（高淳县）　旌德会馆（党家巷）　徽州旅淳同乡会　泾县会馆　婺源会馆　婺源老馆　徽州会馆　徽商会馆
镇江	2	旌德会馆　旌太会馆
南通	2	徽商会馆　星江公所
上海	7	徽宁会馆　祝其公所　星江公所　漏泽园会馆　思义堂　徽宁医治寄宿所　徽宁旅沪同乡会

图 2-9　长江流域安徽会馆分布图

1. 武汉——长江与汉江交汇处的安徽会馆

明朝，位于长江与汉江交汇处的武汉，得益于水运的便利，逐渐成为一个巨大的货物中转站。武汉被两江分为三镇，形态多有不同。

其中汉口是名副其实的商业重镇，"货到汉口活"的美名传遍全国，长江之上，浪过千帆，街巷密布，商贾云集，因此汉口的会馆规模最大。安徽人在汉口循礼坊四总建有新安公所，又名准提庵；循礼坊还有一条新安街，是徽商修建，新安街一直通到长江边的新安码头，街上有徽州会馆，又称新安书院；徽宁会馆位于大夹街；沈家庙、九如桥建有琴溪书院，为泾县商人所建；花楼街10号原新华织带厂建有太平会馆；草纸街、衣铺街回龙寺处建有太平会馆；旌德会馆位于永宁巷。

武昌是武汉三镇的政治中心，且武昌建有贡院，因此武昌的安徽会馆以政治性居多。花园山西麓，临近西侧贡院建有太平会馆，又称太平试馆，为太平考生提供住宿；粮道街淮军昭忠祠旁建有全皖会馆，为李鸿章等安徽籍官员倡建。

汉阳有一处新安笃谊堂以及新安义园，为汉口紫阳书院附设之善堂。

2. 安庆、芜湖——"安徽长江门户"的安徽会馆

芜湖和安庆是安徽人进出长江的渡口，且相邻区域商人在生意上多有往来，也经常互帮互助，因此多有安徽会馆成立。据笔者统计，在芜湖、安庆的安徽会馆至少有16座。

安庆府怀宁县建有泾县会馆、旌德会馆（位于太平境）和徽州会馆（位于大墨子巷）各一座，安庆府内还有一处太平公所和徽州会馆，桐城县西门内有一座泾太会馆。

芜湖县建有徽州会馆、新安文会馆（位于索面巷内）、泾县会馆、旌德会馆（位于北廊）、太平会馆（位于西门）；繁昌县有泾太会馆和徽州会馆（位于天马门西首）；南陵县有泾太公所（位于大成坊西街）、泾县会馆（位于横街头）和旌德会馆（位于小南街）。

3. 南京——江南省首府的安徽会馆

从六朝古都到江南省首府再到两江总督府，南京的政治地位不言而喻。古人选择南京作为首都，也是看中其便利的水运条件。且南京位于最为富庶的江南地区，是许多商品交易的中心，经济发达。因此，安徽商人纷纷在南京建立安徽会馆。南京是安徽人乡试的地点，在南京的安徽会馆有政治性质的，也有经济性质的，除3座科举型会馆之外，南京还有11座商业型会馆。

徽州商人所建的新安会馆位于马府街；安徽会馆位于油市街；新歙会馆位于钞库街；金东会馆位于状元境；徽州会馆位于栏杆桥；徽州六邑木商所建徽商会馆位于上新河；高淳县有徽州旅淳同乡会以及旌德旅淳同乡会；旌德会馆位于党家巷；宁国府商人在甘雨巷建立了太平会馆；泾县会馆位于百花巷（见图2-10）。

4. 镇江——长运交汇处的安徽会馆

镇江是长江与京杭大运河交汇口，因其背山面水，古人认为是镇守江防的好地方，因此取名镇江。镇江依托长江而兴，城市形态也是沿长江发展的。宁国府商人在此建立了两座会馆，分别是旌太会馆和旌德会馆。

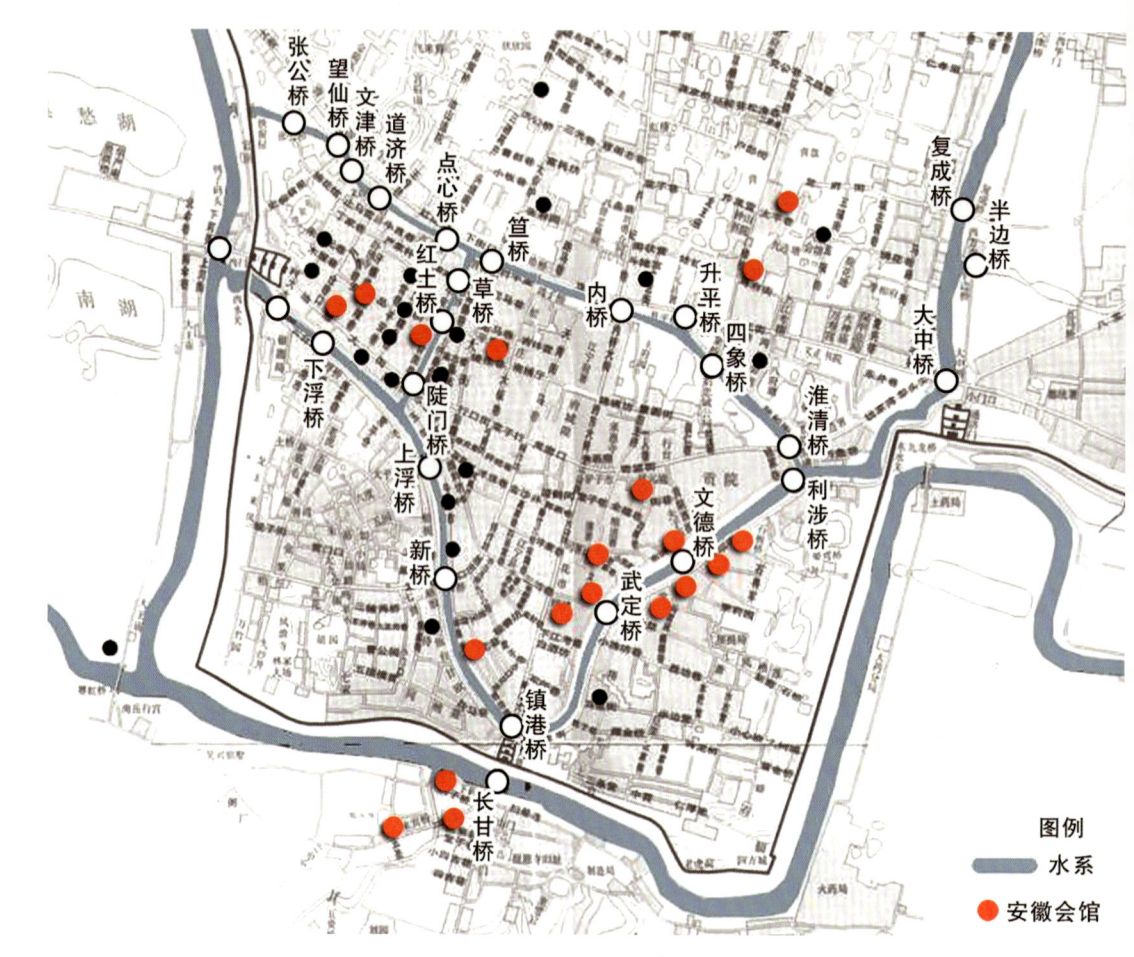

图 2-10　南京安徽会馆分布图示

（底图来源于沈旸《明清南京的会馆与南京城》，载《建筑师》2007 年第 4 期，第 68-79 页）

5. 上海——长江入海口的安徽会馆

上海位于长江入海口，河海运发达，因此商业发展迅猛，但同时也是兵家必争之地。晚清时期战争频发，动荡不安，许多安徽会馆随之消亡。历史上记载的位于上海的安徽会馆共有 7 座，其中徽宁会馆（位于大东门外十六铺，又称徽宁思恭堂）、徽宁旅沪同乡会、徽宁医治寄宿所都是徽州府与宁国府商人共建；星江公所、漯泽园会馆（嘉定南翔镇）以及思义堂（南汇县新场镇东南三十六都）为徽商出资建设；祝其公所是船帮会馆，为江苏与徽州船帮共建。

三、沿汉江、沅江、湘江、赣江流域分布的安徽会馆

多条汇入长江的水系也发挥着重要的作用,如汉江曾是重要的南北通道,汉江造就了武汉的繁华。而沅江、湘江、赣江则是通往我国南方的水运线路,是对京杭大运河的补充。据作者初步统计,在此分布的安徽会馆共有17座(见表2-3)。

表2-3　汉江、沅江、湘江、赣江流域的安徽会馆

城市	会馆数量/座	会馆名称
襄阳	2	泾县会馆　徽州会馆
常德	3	紫阳堂　乐义堂　徽州会馆
怀化	1	徽州会馆
长沙	4	太平会馆　新安会馆　徽国文公祠　安徽会馆
衡阳	1	泾县会馆
湘潭	3	海阳庵　指南庵　风笠庵
赣州	1	安徽会馆
广州	2	婺源会馆　新安会馆

1. 汉江——长江、黄河连接处的安徽会馆

流经江汉平原的汉水地理地势条件优越,水势磅礴,上承丹水、洛水,连接黄河与长江两条天险,是中华大地上天然的南北地理通道。安徽商人在襄阳建立了2座会馆,分别是府城内的泾县会馆和皮坊街的徽州会馆。

2. 沅江、湘江——长江在湖南的分支

长江在湖南省汇入洞庭湖后,又分出两条水系,分别是沅江和湘江,这两条水系将湖南省分为三部分,而安徽商人的活动也与这两条水系息息相关。

沅江沿线的常德市曾有3座安徽会馆，分别是泾县人朱武沛所建的紫阳堂和乐义堂（位于武陵县），以及衣服街的徽州会馆；怀化市洪江县另有一座徽州会馆。

安徽商人沿湘江抵达长沙、衡阳和湘潭3个城市，并在这里建设安徽会馆。长沙府善化县十铺福胜街有太平会馆，另外长沙还有新安会馆、徽国文公祠和安徽会馆3座；衡阳有一座泾县会馆；湘潭建有海阳庵、指南庵和凤笠庵。

3. 赣江——连通广州

历史上在水路无法衔接之处，也有许多发挥着重要作用的陆路通道，古时被称为驿道。连接赣江和北江的梅关古道就是一条重要的驿道。

明清时期有很长一段时间为广东一口通商，因此入粤经商的安徽商人人数众多，如明末出生于休宁的刘燕在年少时期便随父亲去广州经商，清婺源人叶上林于中年抵达岭南从商。安徽商人通往广州也是通过长江支流赣江—梅关古道—北江这条线路，途经赣州时，留下安徽会馆一座。广州有婺源会馆和新安会馆各一座。

四、沿黄河、淮河流域分布的安徽会馆

黄河与淮河也是我国重要的河流，历史上还多次发生黄河夺淮事件，但是因其泥沙淤积、通行不畅，所以黄淮流域安徽会馆分布不多。据作者初步统计，在此分布的安徽会馆共有6座（见表2-4）。

表 2-4　黄河、淮河流域的安徽会馆

城市	会馆数量/座	会馆名称
西安	1	徽商会馆
开封	1	江南会馆
济南	2	安徽会馆　江南会馆

续表

城市	会馆数量/座	会馆名称
淮安	1	安徽会馆
信阳	1	江南会馆

1. 黄河——东西大通道之二

黄河流域的安徽会馆主要分布于古都西安、开封和济南。西安建有一座徽商会馆；开封有一座江南会馆，又名草关帝庙；济南皖新街29号建有安徽会馆、黑虎泉西路建有江南会馆。

2. 淮河——连通苏、皖、豫

淮河连通苏、皖、豫地区，是中国南北的分界线。淮河流域的安徽会馆除淮安有一座外，还有河南信阳商城县的江南会馆。

五、沿海分布的安徽会馆

海运是安徽人沟通国内、连通海外的最优选择，船抵达杭州湾后，便可沿海向北航行至东三省，向南至福建省。辽宁锦州城内有一座安徽会馆，营口市建有三江会馆和安徽会馆各一座；福建福州城南梅枝里屋一区和九彩园有新旧安徽会馆各一座。沿海分布的安徽会馆"北达辽宁，南抵福建"（见表2-5）。

表2-5 沿海分布的安徽会馆

城市	会馆数量/座	会馆名称
辽宁	1	安徽会馆
营口	2	三江会馆 安徽会馆
福州	2	安徽会馆（九彩园）安徽会馆（南梅枝里屋一区）

第二节　安徽会馆的发展线路

一、安徽会馆发展线路特征

会馆的分布是安徽会馆发展线路的研究基础和有力证明，因此，作者根据安徽会馆分布图将安徽会馆的发展线路特征总结为主要沿长江和运河发展，即"长江为轴，运河为线"，其中数量分布呈现出"以长运交汇处为中心向外扩散，呈环形放射状递减"的特征。

（一）长江为轴，运河为线

作者将安徽会馆分布地点与中国地图相对应，发现安徽会馆数量较多的城市有一个共同的特点，即位于河流旁，比如南京、芜湖和武汉都是长江边的城市，而杭州、苏州、湖州和北京都分布于京杭大运河旁。

作者进一步将安徽会馆的分布与我国主要河流的流向相对应，发现安徽会馆沿河流呈现出线型分布的特征，进而总结出"长江为轴，运河为线"的规律。长江为安徽会馆发展的横轴，京杭大运河为安徽会馆发展的纵轴，而沿长江、运河又衍生出多条分支，以及沿海发展的安徽会馆北达辽宁、南抵福建，构成了完整的安徽会馆发展路线网络体系（见图2-11）。

（二）以长运交汇处为中心向外扩散，呈环形放射状递减

除去拥有特殊政治地位的首都北京之外，安徽会馆数量超过10座的城市，全部分布在长江中下游地区。除了湖北武汉，其余城市均围绕两轴交汇点，形成一个直径约为300千米的环形；而安徽会馆数量为5~10座的城市，也均位于长江中下游范围内，且除去湖北荆州外，形成一个直径约为600千米的环形。因此，可以推测，安徽人多在长江中下游聚集，以长运交汇处最为密集，且呈环形放射状向外递减（见图2-12）。

图 2-11 安徽会馆分布特征：
　　长江为轴，运河为线

图 2-12 安徽会馆分布特征：以长江、
　　运河交汇处为中心向外扩散

063

二、徽商文化线路构建

安徽商人以徽商最负盛名,可以说,徽商这一群体是安徽的代表,也是安徽的荣耀。徽商不仅在商业市场存在一定的影响力,还对整个社会的文化做出巨大贡献。

文化线路是依据客观事实、以某一强有力的特点为纽带串联而成的一整条线路,这条线路反映了较长时期、较大范围内文化的发展与交流,有一定的传承与演变的关系,具有特定的历史和文化意义。

徽商和其创造出的徽商文化即可以作为这一纽带,与行经的路线和影响过的地方形成一条条文化线路。而会馆建筑是商帮在某一区域实力最强有力的证明,因此依据徽商所参与建设的安徽会馆的分布情况去构建徽商文化线路这一思路是切实可行的。基于对徽商会馆的分布与徽商出行路线的研究,本节将徽商文化线路从东西南北各个维度全方位地进行了建构。本节所构建的文化线路是徽商外出进行商业贸易和文化交流所经过的路线,是将古徽州范围内的徽商文化线路和全国范围内的徽商文化线路进行连接和组合而形成的。

(一)徽杭水道—大运河徽商文化线路

从徽州府一路向北可直达首都北京,这一路上徽商留下了数不胜数的建筑遗迹。而通往北边的路线是徽杭水道—京杭大运河,以此可以构建出徽杭水道—京杭大运河徽商文化线路,具体路径为从歙县出发,沿新安江—富春江—钱塘江水系到达京杭大运河的起点——杭州,再沿运河北上,途经嘉兴、苏州、无锡、镇江、扬州、淮安、徐州、济宁、聊城、天津等出现过徽商会馆遗迹的城市,最后到达北京(见图2-13)。

(二)徽池水道/徽宣水道—长江徽商文化线路

从徽州府东抵上海、西达青藏高原、贯穿东西方向的路线是徽池水

图 2-13　徽杭水道—大运河徽商文化线路

道/徽宣水道—长江，由此构建出徽池水道/徽宣水道—长江徽商文化线路。长江中下游区域自古以来就是我国的经济重心，也是徽商活动最为频繁的区域。而徽商通往长江主要通过徽池水道和徽宣水道。这两条水道将整个皖南地区串联起来，打通了皖南直达长江的线路，使得徽商在长江大放异彩，在荆州、武汉、南京、镇江、上海等多座城市建立徽商会馆（见图2-14）。

图2-14 徽池水道/徽宣水道—长江徽商文化线路

（三）徽饶水道—赣江—北江徽商文化线路

广州自古以来一直是我国南部的政治中心。从徽州府通往广州的通道是徽饶水道—赣江—北江，其中赣江到北江是通过大庾岭上的梅关古道进行连接的，这条由水路和陆路通道相结合的道路连通了徽州府和广州，徽商也在沿线重要城市留下足迹，由此可以构成徽饶水道—赣江—北江徽商文化线路（见图2-15）。

研究徽商文化线路，不仅要研究一条条水运通道，而且要研究其中深刻的内涵，这些水道串起的是道路，更是"价值"。它们记录着徽商来来往往的艰辛和不辞辛劳的坚韧，还有以诚信经营为核心的儒家商业道德，这些都是珍贵的精神遗产。有形的实体串起无形的价值，历史与现实在此处交织，多元的文化在这里碰撞。而我们需要研究和保护的不仅仅是沿线可以看得到的遗存，更是看不见的徽商"精神"。

图 2-15 徽饶水道—赣江—北江徽商文化线路

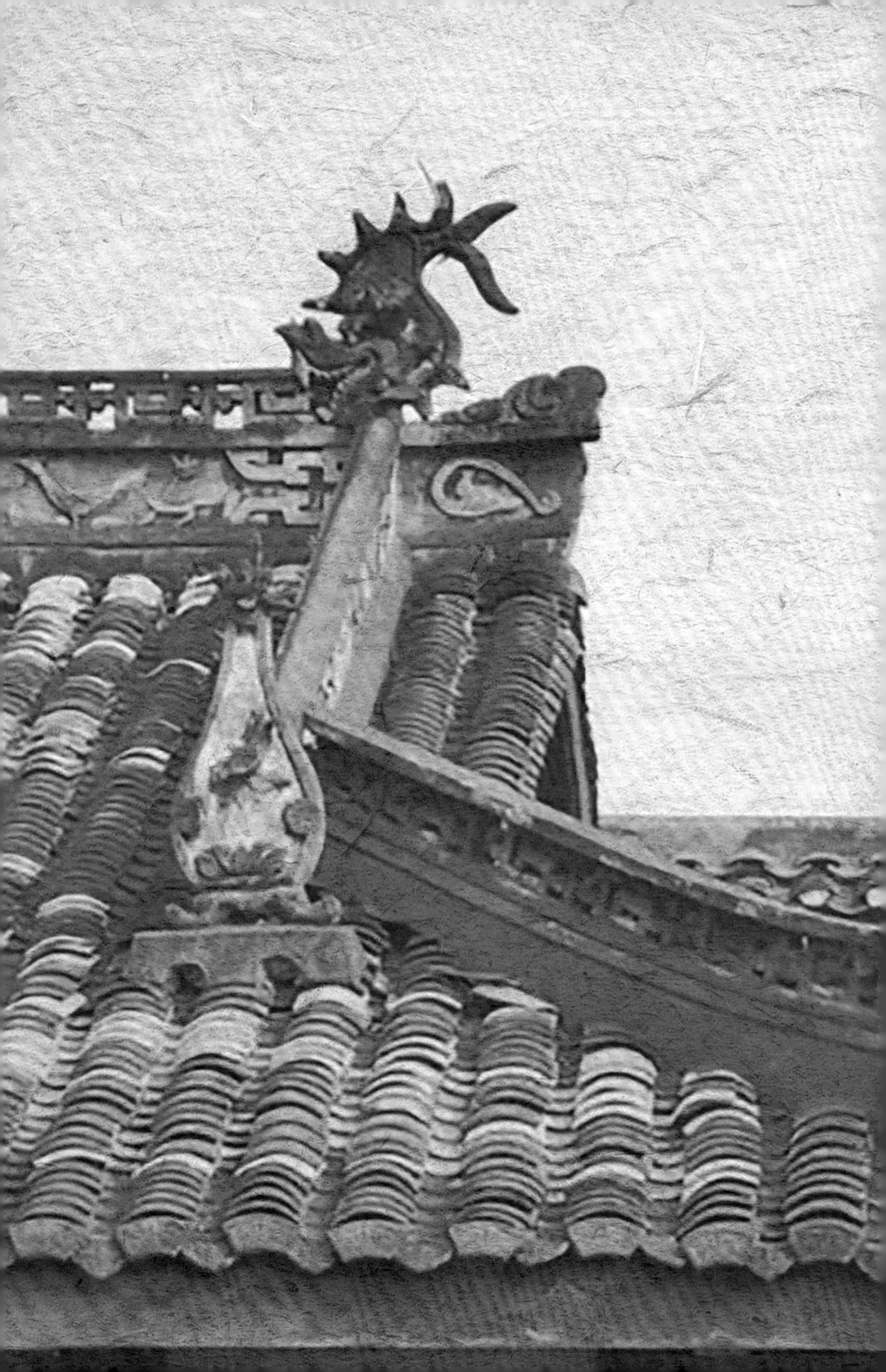

第三章 安徽会馆的建筑形态与特征

源自安徽徽州的徽派建筑在所有建筑风格中独树一帜，其白墙青瓦、马头墙、天井式院落等建筑元素已经成为安徽建筑文化的代表性符号。而安徽会馆建筑虽有地域之隔、时间之差、南北之别，但是都或多或少地汲取了徽派建筑元素，形成"原乡性符号的在地性表达"。多座安徽会馆的建筑工匠均来自徽州，修建者甚至不远万里从徽州运送材料，只为打造原汁原味的徽派建筑，这样既能够让同乡之人感受家乡风土人情，又能让徽派建筑扬名天下。

第一节　安徽会馆的选址与布局

一、安徽会馆选址特征

选址是建筑立身之本，交通是否便捷、防卫性能如何、食物和水源是否易得、环境气候是否匹配以及是否符合中国传统的风水学等，皆会纳入选址考虑之范畴。作者将安徽会馆选址特征归纳为以下两点。

（一）依托水运：得水之利，避水之患

于人而言，水是生命之源；于商人而言，水是生财之道，同时，水也可以作为景观要素点缀于建筑群之中。因此，安徽会馆选址之时首当遵循"近水利而避水患"[①]的原则，既方便获得水源与运输货物，又不会受洪水侵害。故安徽会馆常建于通航顺畅、来往船只数量可观的水边高地之上。

汉口本是商业重镇，且占尽长江之利，安徽商人凭借地理优势，在此形成一方势力。然而，江汉之地水泽漫漫，饱受水患侵扰。安徽商人在建设新安书院之时，吸取教训，选取汉口镇中高地，且将地基加固、地坪抬

---

① 潘谷西.中国建筑史[M].北京：中国建筑工业出版社，2009：233.

高，最终在水灾中幸免于难，并广泛收治难民，成为一方佳话。

扬州盐商之兴起，全然是托运河之便利，各省商人集结于此，均为赚取利益。徽商建设的小流芳巷徽州会馆步行两百米即可到达运河码头，确保以最快速度将食盐发放至各地，也是徽州盐商在此地成功的关键因素之一。

（二）双馆并立：闹市之中设会馆，开阔之地设义阡

商人经商，讲究人气。会馆设于闹市，吸引人流，一是可以增强购买力；二是便于与其他商人互通有无，保证信息的时效性。为官亦是，只有掌握一手情报才能及时商讨对策。

然而，人群聚集之处总免不了生老病死，安徽同乡情谊深厚，自是要让每个人生有所养、老有所依、死有所葬，但是城内用地紧张，地价尚高，不便于大面积开发为墓地。因此，安徽商人在开阔之处购置大片荒地设置义阡，以安葬逝去的同乡人。既然有了义阡，就要有看守义阡的人，既有看守义阡的人，就要有房屋、田地以供生存，"置守阡者，而筑室以居之，辟田以食之"①，义阡因此成为会馆的附属机构。诸多安徽会馆存在并置两馆的现象，有的是城内设置会馆，城外设置义阡；有的是将城内会馆中祭祀与缅怀同乡的功能单置一馆于城外。如汉口徽州会馆位于汉口镇中商业最为繁华之地，毗邻浙宁公所、山陕会馆、粤东公所等，在与其一江之隔的汉阳即置大片义地；苏州安徽会馆主馆位于城内，分馆置于城外，为在异乡而死的同乡人举办葬礼，添置灵位。

当义阡形成一定的规模，便具有一系列慈善功能，成为善堂，善堂和会馆是像孪生兄弟一般的存在。汉口紫阳书院在汉阳开阔之地置义阡三处，分别位于十里铺、潘家庙、许家冲；北京歙县会馆在永定门外有一处义阡，绩溪会馆义冢位于三义庵；西安安徽会馆义园位于陕西南郊；有些善堂即会馆，如思义堂公所；有些善堂仅作为慈善机构，不具有会馆功能，如杭州新

---

① 李琳琦，梁仁志，整理. 重续歙县会馆录序[M]//徽商会馆公所征信录汇编. 北京：人民出版社，2016：134.

安惟善堂，服务于杭州所有的徽州人，黟县登善集则是作为杭州新安惟善堂设于本土的中转机构，以寄放未归故里的棺木（见表3-1）。

表3-1 部分安徽会馆与其附设义阡整理表

城市	会馆	建设时间	建设地点	义阡	建设时间	建设地点
武汉	汉口紫阳书院	康熙三十三年（1694年）	汉口循礼坊新安街	汉口紫阳书院义阡	乾隆四年（1739年）	汉阳十里铺、潘家庙、许家冲
北京	京师歙县会馆	嘉靖四十一年（1562年）	宣武门大街西面	京师歙县会馆义阡	嘉靖四十二年（1563年）	永定门外
西安	陕省安徽会馆	嘉庆二十五年（1820年）	西安水池	陕省安徽会馆义园	乾隆四十四年（1779年）	陕西南郊
北京	京师绩溪馆	乾隆七年（1742年）	宣武门外椿树头条胡同	京师绩溪馆义冢	乾隆二年（1737年）	三义庵
杭州	杭州新安会馆	光绪年间	塘栖水北	杭州新安怀仁堂义所	咸丰二年（1852年）	南山之麓
南京	金陵新安会馆	光绪三十年（1904年）	金陵马府街	金陵新安会馆义冢	光绪年间	鼓楼西
福州	闽省安徽会馆	同治元年（1862年）	九彩园	闽省安徽会馆义地	同治元年（1862年）	北郭马鞍山

二、安徽会馆布局形式

建筑布局与其功能设定密切相关，布局时不仅要考虑朝向、用地面积的影响，还要考虑布局的合理性与美观性。下面从建筑朝向、平面构成两个方面对安徽会馆建筑实体空间与虚空间进行分析，其中平面构成又可拆分为建筑布局、院落形式和园林格局。

（一）建筑朝向：与周围水系、路网形成轴线关系

古代建设都城之时讲究道路横平竖直，城市建设尚且如此，房屋建造则更为严格。我国传统建筑大多为正南正北向布置，坐北朝南，讲究通风、采光，尤其是级别较高的官式建筑。

会馆虽是由商贾、官绅自发修建，却是城市建设中重要一环。会馆的布局符合中国传统建筑布局形式，基本遵循"坐北朝南"的原则。但是会馆的朝向与其用地范围、周边道路走向、河流流向等均息息相关，无法做到尽善尽美。因此，部分会馆为与相邻建筑、道路和水系形成平行或垂直关系，朝向也有偏差。根据调查研究，作者将安徽会馆与相邻道路和水系的关系分为三种类型，分别是垂直于道路、平行于道路和垂直于河流。

垂直于道路而发展的安徽会馆数量最多，如北京安徽会馆垂直于后公孙园胡同向北方向发展，顺应整个北京城正南正北向布置的体系；南京泾县会馆垂直于大百花巷，由于其用地的局限性只能东西朝向布置，入口位于大百花巷中；扬州四岸公所垂直于苏唱街。苏州来凤桥安徽会馆南临上塘河，在入口处形成广场和码头；无锡紫阳书院位于惠山古镇中，龙头河穿流其中，为"丁"字形布置，紫阳书院正对"丁"字形交叉口，入口从门楼正下方进入；汉口紫阳书院现已不存，依据史料以及现存新安街走向推测为正南正北向分布，南边延伸至汉江处到达新安码头，形成垂直于汉江的轴线。保定淮军公所顺着恒祥南大街布置，与兴华路之间存在约20度的夹角，形成入口广场；扬州小流芳巷徽州会馆平行于徐凝门大街，入口位于西侧，从徐凝门大街有小巷可达；小王府巷因大臣皇甫晖居住于此而得名，南京安徽会馆顺应其布置（见表3-2）。

表 3-2　安徽会馆建筑朝向分析

类型	案例			
	名称	北京安徽会馆	南京泾县会馆	扬州四岸公所
垂直于道路	朝向	正南正北向，垂直于后公孙胡同向北方向发展，入口位于南侧	北偏东约75度，垂直于大百花巷向东方向发展，入口位于大百花巷中	正南正北向，垂直于苏唱街向北方向发展，入口位于南侧
	图示			
	名称	苏州来凤桥安徽会馆	无锡紫阳书院	汉口紫阳书院
垂直于河流	朝向	北偏西约4度，垂直于上塘河向北方向发展，入口位于南侧	北偏西约45度，垂直于龙头河向西北方向发展，入口在门楼两侧	正南正北向，垂直于汉江向北方向发展，入口位于南侧
	图示		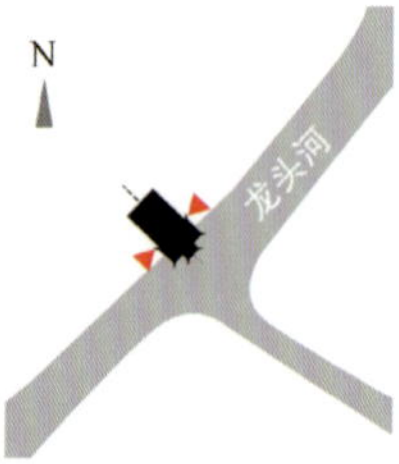	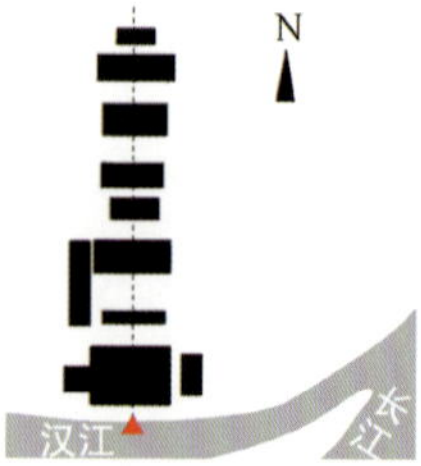

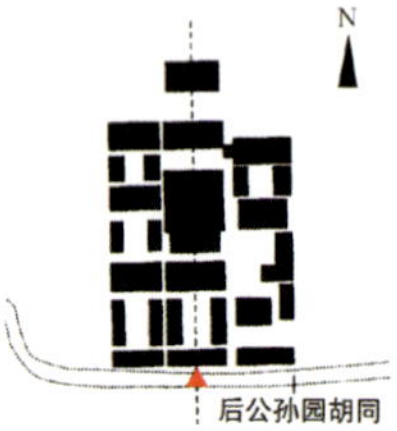

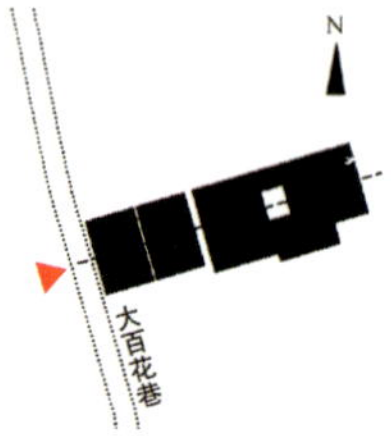

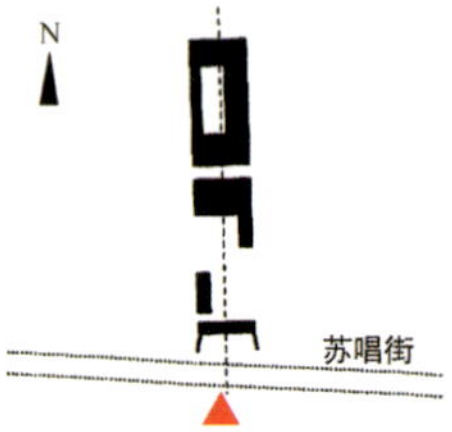

续表

类型	案例			
平行于道路	名称	保定淮军公所	扬州小流芳巷徽州会馆	南京小王府巷安徽会馆
	朝向	北偏东约10度，平行于恒祥南大街向北方向发展，入口位于南侧	北偏东约5度，平行于徐凝门大街向北方向发展，入口位于西侧	北偏东约65度，平行于小王府巷布置，入口位于巷中
	图示			

（二）平面构成：建筑、院落、园林的多重组合

1. 建筑布局：堂分多路，规整有序

安徽会馆整体建筑布局随用地规模、使用功能、建设者习惯等因素影响而有所区别，但大多数安徽会馆呈现出较为规整和传统的布局形式，讲究中轴对称、主次分明。

规模宏大、功能完备的安徽会馆一般分为三路，正中一路等级最高，承担祭祀、议事、观演娱乐等功能。东、西常有一侧祭祀祖先先贤及对会馆有所贡献的文人义士，另一侧为生活辅助用房，分布住所、厨房、餐厅等功能用房，以招待宾客。

保定淮军公所南边祭祀区为典型三路布局，中路祭祀李鸿章，西路祭祀淮军将领，东路为辅助用房，每路之间有夹道相隔，相对独立；苏州来凤桥安徽会馆以马头墙相隔分为三路，中为大殿，整体建筑呈现中轴对称布局，东、西两路均为辅助用房，三路之间无夹道；北京安徽会馆中路祭

075

祀朱子、闵子等安徽土地神、设置戏楼,东路为先贤祠堂,西路为生活辅助用房;扬州四岸公所原建筑分为东、中、西三路,有房屋90余间,如今仅存中间一路。

三路式布局为安徽会馆最完备的形式,但也因南北之别、时间之差、场地大小之分多有变形和压缩形式。汉口紫阳书院主要功能为祭祀和教学,在建筑中路先后布置紫阳夫子祠和先贤祠堂,将三路压缩为两路,西路承担教学、生活、住宿、休闲娱乐等功能,中路布局严谨有序,西路相对灵活。福州安徽会馆分为两路,中路承担最主要的祭祀与议事、办公功能,东路中厅设置戏台,两边为看戏走楼,作为安徽会馆中的观演区。

一路式布局多出现于规模不大的县级或者府(州)级安徽会馆,如南京泾县会馆和无锡紫阳书院等,其功能相对单一,使用人数也较少(见表3-3)。

表3-3 安徽会馆整体布局分析

布局形式	三路式布局		
案例	苏州来凤桥安徽会馆	保定淮军公所南边祭祀区	北京安徽会馆
图示	西路(辅助用房) 中路(安葬同乡) 东路(辅助用房)	西路(祭祀淮军) 中路(观演娱乐、祭祀李文公) 东路(辅助用房)	西路(辅助用房) 中路(观演娱乐、祭祀神灵) 东路(祭祀祖先)

续表

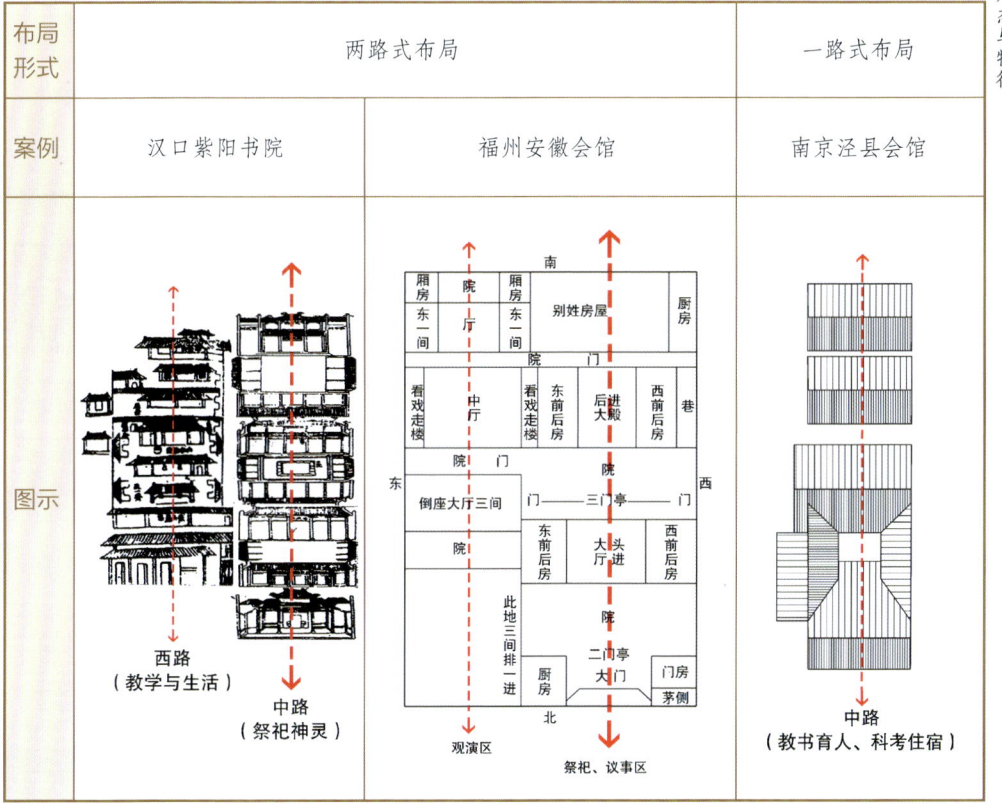

布局形式	两路式布局		一路式布局
案例	汉口紫阳书院	福州安徽会馆	南京泾县会馆
图示	西路（教学与生活） 中路（祭祀神灵）	观演区 祭祀、议事区	中路（教书育人、科考住宿）

2. 院落形式：天井式院落的组合

天井式院落是徽派建筑院落形式的一大特色。天井式院落屋檐同高，四周建筑屋顶连为一体，围合的中间矩形庭院称为天井，意为"井中水，天上来"，这种屋顶形式加入了有组织排水的考虑，使"四水归堂"，凝结了古人的智慧。徽州人认为天井即"聚宝盆"，如此设计，也有"肥水不流外人田"之意。

天井式院落形式为三合院或四合院，其中亦分单坡与双坡屋顶，也有单双坡屋顶的组合形式。三合院为三面屋顶与一面围墙形成的院落形式，四合院则是四面均为建筑屋顶围合而成的，这些都是天井式院落的基本单元。在安徽会馆中，这些基本单元在一起排列组合，形成复杂多变的屋顶形式。如

077

苏州来凤桥安徽会馆第一进为单坡四合院，第二进风雨连廊空间是两个三合院的组合，形成"H"形院落，东、西两路形成"E"字形院落；而四合院的组合则会形成"日"字形甚至更多进的平面形式（见表3-4）。

表3-4 安徽会馆中天井式院落的组合形式

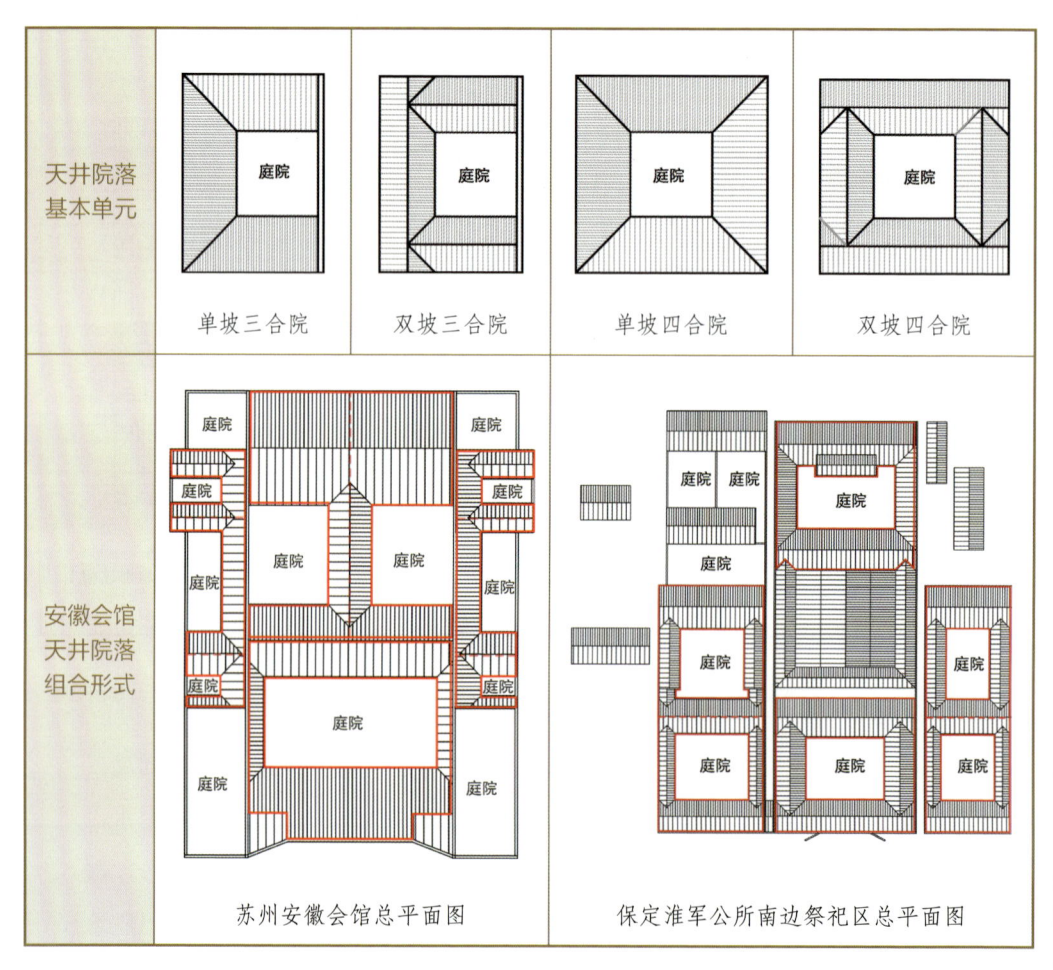

天井院落基本单元	单坡三合院	双坡三合院	单坡四合院	双坡四合院
安徽会馆天井院落组合形式	苏州安徽会馆总平面图		保定淮军公所南边祭祀区总平面图	

3. 园林格局：抑扬顿挫，自由灵动

安徽会馆的园林形式受到江南园林的影响，讲究抑扬顿挫、层次分明，汲取中国自然山水意向，趋向于灵活、灵动，与井然有序的建筑形式形成对比，衬托出其巍峨雄壮。如北京安徽会馆选址于孙公园内，这里曾

是一片著名的私家园林，会馆北部保留园林格局，在小广场中运用水面造景，自由灵动，为整个建筑群平添些许生机；苏州南显子巷安徽会馆位于惠荫园内，李鸿章巧于因借，创造出惠荫八景，园内亭台楼阁伫立，雨天漫步其中，可以不用雨伞，尽情观赏烟雨蒙蒙、诗情画意的江南美景，如今会馆已成为中学，但依稀能够看出园林格局辉煌的印记（见图3-1）。

图3-1　苏州南显子巷安徽会馆鸟瞰图

第二节　安徽会馆的空间与构造

一、安徽会馆空间序列

徽州祠堂形制规整，空间严谨有序，常由四进院落组成，典型序列为照壁—第一院落（门坦）—牌坊（棂星门）—第二院落（仪门天井）—仪门—第三院落（前天井）—享堂—第四院落（后天井）—寝殿，层层递进，最后以寝宫收尾，体现建筑空间的丰富性（见图3-2）。

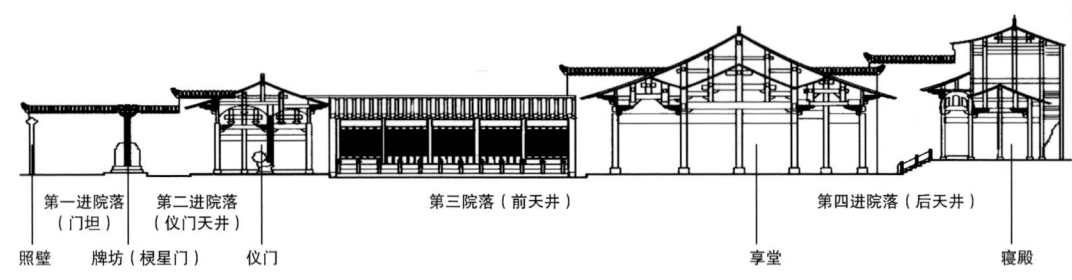

|第一进院落（门坦）|第二进院落（仪门天井）|第三院落（前天井）|第四进院落（后天井）||
|照壁|牌坊（棂星门）|仪门| |享堂|寝殿|

图 3-2 徽州祠堂典型空间序列——以罗东舒祠为例

  安徽会馆中路空间在建设之时参照故乡祠堂形制，"爱募徽地工师，一遵吾郡世族祠堂规制。"[①]经变形后，形成由入口空间、中心空间和结尾空间组成的典型空间序列，如同小说情节的开展有开端、发展、高潮和结局，建筑空间序列也是层层递进、有始有终的。照壁与庭院或牌坊构成建筑序列的前导性空间，头门为建筑主入口，自仪门门厅进入建筑室内，大殿为整体建筑群的中心，形成建筑高潮，殿后以寝宫收尾。

  北京安徽会馆空间序列为入口空间—办公空间—观演空间—祭祀空间；保定淮军公所空间序列由入口空间、观演空间、祭祀空间组成，布局和北京安徽会馆十分相似；苏州安徽会馆内的淮军昭忠祠和苏州上塘河安徽会馆序列均由入口空间和祭祀空间构成；扬州四岸公所主要做商业办公之用，因此是由入口空间、会客空间、办公空间所组成的空间序列。

  东西两路大多为辅助用房和祭祀祖先先贤之地，布局依据使用者习惯而来，并无特定空间序列（见图3-3）。

---

  ① 李琳琦，梁仁志，整理．汉口紫阳书院志：卷三·建置[M]//徽商会馆公所征信录汇编．北京：人民出版社，2016：38．

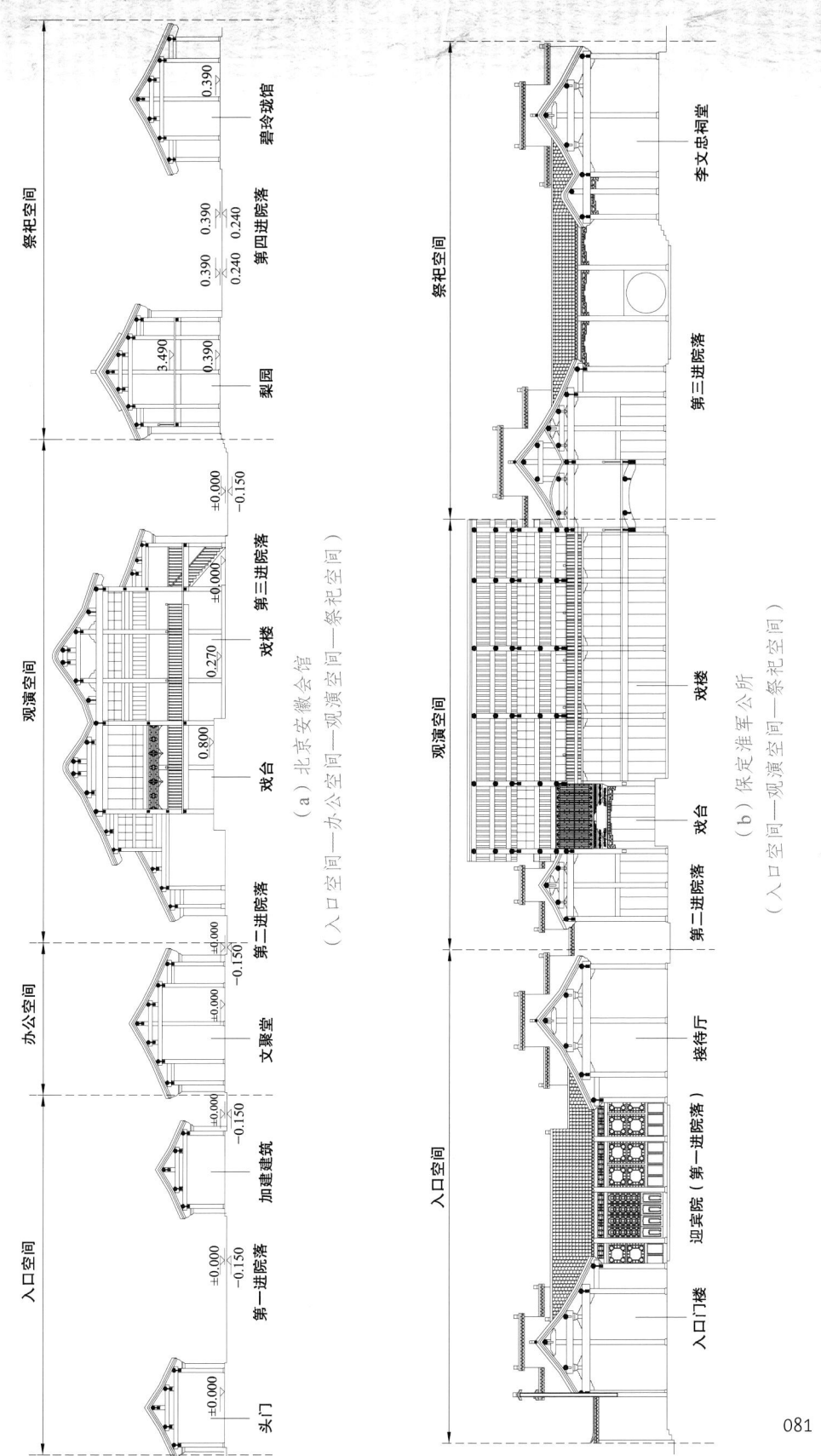

（a）北京安徽会馆
（入口空间—办公空间—观演空间—祭祀空间）

（b）保定淮军公所
（入口空间—观演空间—祭祀空间）

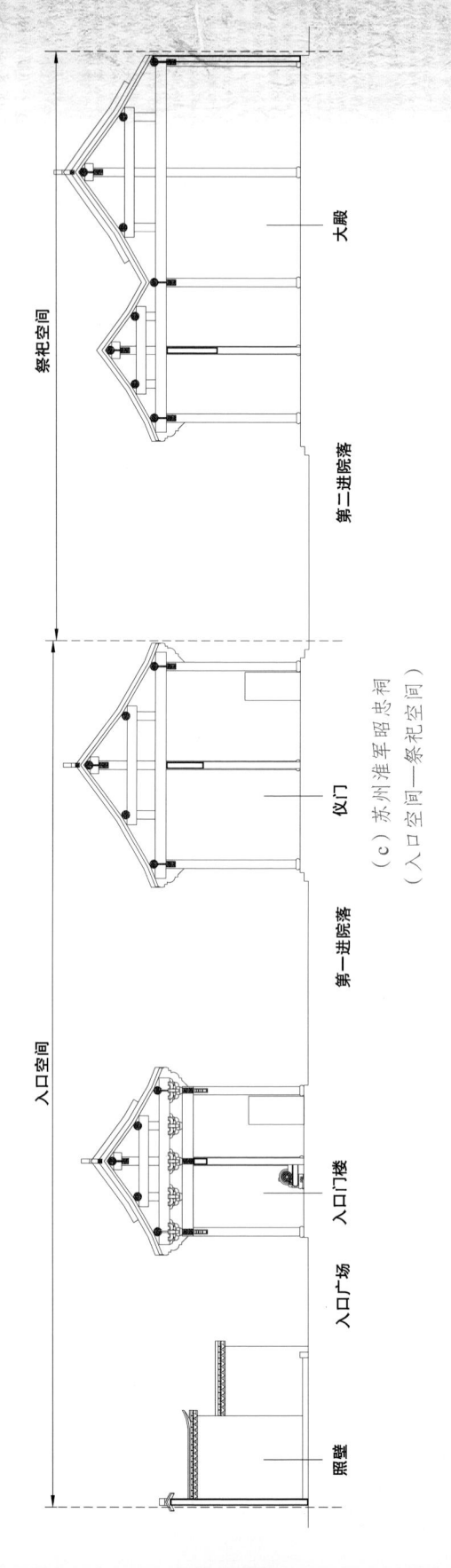

安 | 徽 | 会 | 馆

照壁　入口广场　入口门楼　　　　　仪门　　　　　　　大殿

入口空间　　　　第一进院落　　　　　　第二进院落

祭祀空间

（c）苏州淮军昭忠祠
（入口空间—祭祀空间）

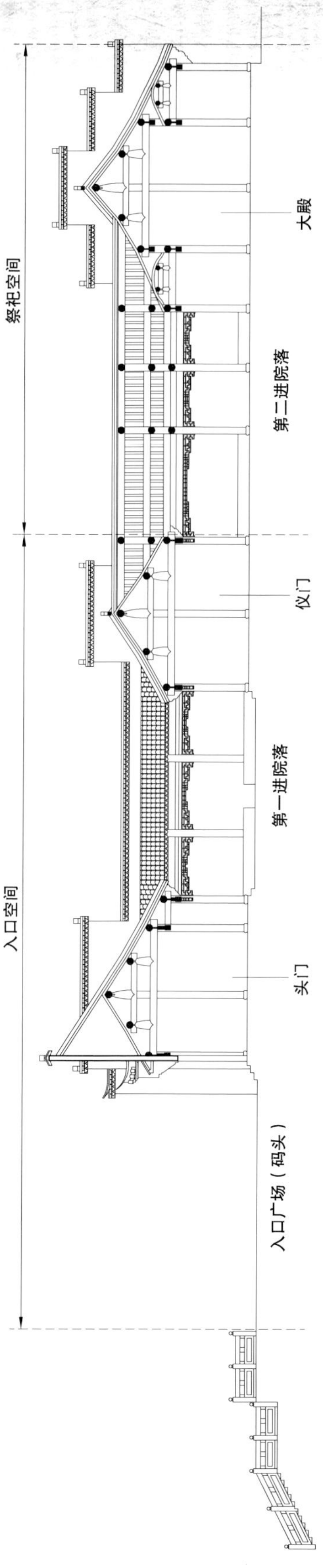

(d) 苏州上塘河安徽会馆
（入口空间—祭祀空间）

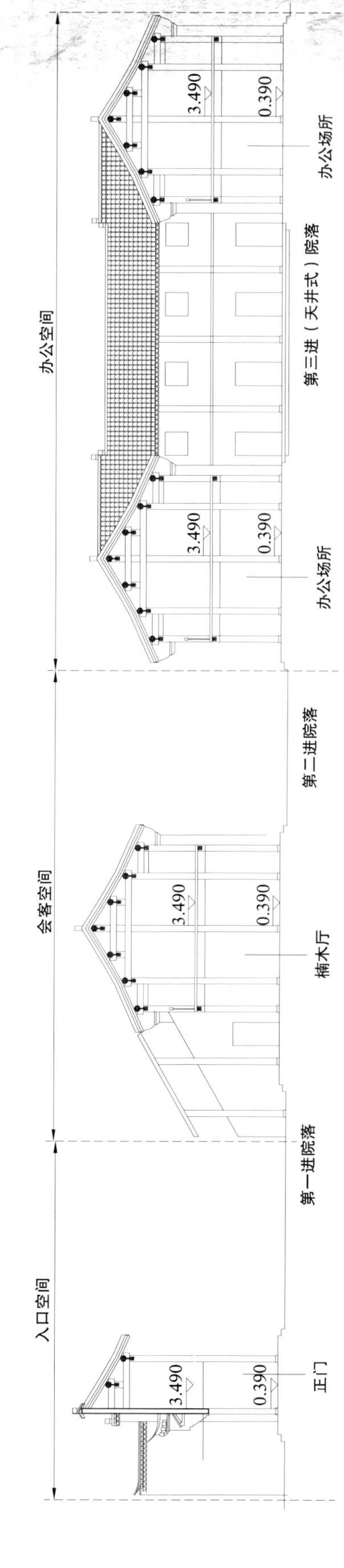

(e) 扬州四岸公所
（入口空间—会客空间—办公空间）

图 3-3 安徽会馆空间序列

（一）入口空间：前导性与礼仪性空间的组合

中国传统建筑在正式进入建筑内部之前，都有相应前导性空间作为缓冲，起到欲扬先抑、保留其神秘感和隐私性的效果。徽州祠堂中的前导空间是由照壁与牌坊前的庭院组成的，而安徽会馆在遵循旧制的基础上有一些变形形式。部分安徽会馆经过头门、仪门后才进入大殿，此为礼仪性空间，也有的安徽会馆仅设置头门。

汉口紫阳书院前的标志性建筑物是新安码头旁的魁星阁，"再上为新安码头，即祠前近日所建魁星阁是也。为石级四十有一"[①]。上四十一级台阶，穿过新安巷，才能够抵达紫阳书院。汉口紫阳书院前导空间层次丰富，引人入胜。自照壁经过后街通衢，"自是而木栅、而门楼，间以周垣。而仪门、而甬道"[②]，此为汉口紫阳书院的入口空间，讲究材质搭配，形式多样。后依次排列木栅、棂星门，再至仪门，与徽州祠堂空间序列十分相似。

苏州南显子巷安徽会馆的昭忠祠前八字照壁上刻着"惠荫书院"四字，围合出入口广场形成前导性空间，经头门进入庭院再到大殿；保定淮军公所的李文忠公祠前设置照壁，经第一进迎宾院落后达正房；苏州上塘河安徽会馆以码头广场作为前导性空间，从主入口进入后经过天井、仪门后到达大殿；闽省安徽会馆经八字形大门、一进院落、二门亭、二进院落后到达头进大厅（见图3-4）。

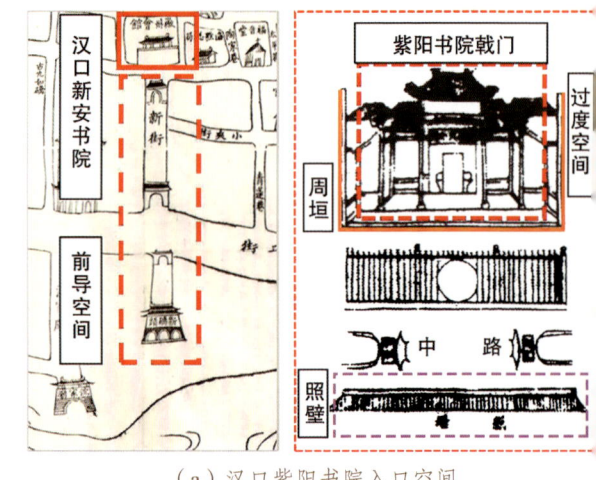

（a）汉口紫阳书院入口空间
（底图来源于董桂敷辑《汉口紫阳书院志略》，清嘉庆十一年刻本）

[①] 陶晋英，等撰. 楚书·楚史梼杌. 湖北金石诗·紫阳书院书略[M]. 武汉：湖北教育出版社，2002：125.

[②] 陶晋英，等撰. 楚书·楚史梼杌. 湖北金石诗·紫阳书院书略[M]. 武汉：湖北教育出版社，2002：125.

（b）苏州南显子巷安徽会馆入口空间

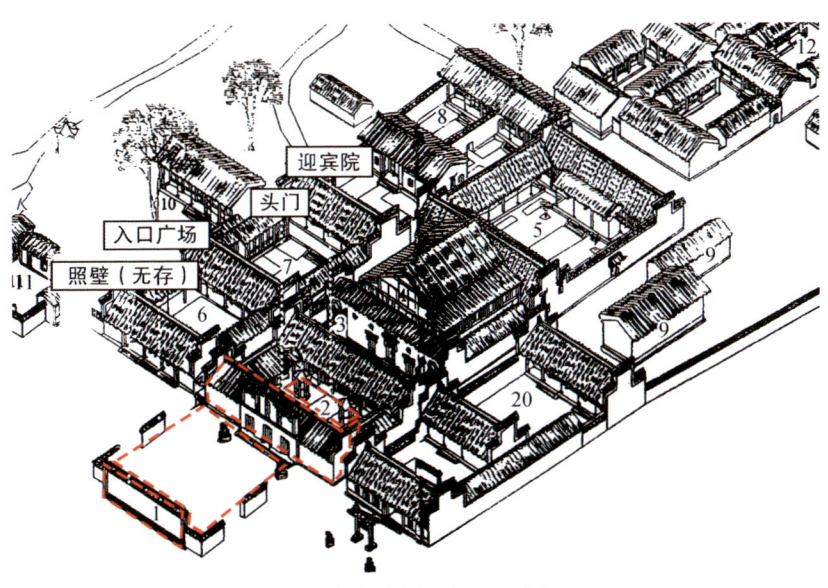

（c）保定淮军公所入口空间

安 | 徽 | 会 | 馆

（d）苏州上塘河安徽会馆入口空间

图 3-4　安徽会馆入口空间分析

（二）中心空间：酬神、议事空间向观演空间的转变

会馆始建之时多服务于同乡科举学子，为其提供应试期间的生活保障，后出现越来越多的商人会馆，功能以酬神和议事为主，其中心空间自然是议事大厅或祭祀祠堂。晚清时期安徽会馆的建设者多为安徽籍官员，官员之间有来有往，会馆的主要功能逐渐由酬神、议事向观演、娱乐等倾斜，中心空间也逐渐变为戏台等观演性空间。

汉口紫阳书院自仪门之后穿过长长的甬道，便到达尊道堂，此为祭祀紫阳夫子与联桑梓之情谊的场所，常举办大型祭祀活动，是会馆的中心空间，也是建筑序列的高潮，尊道堂与戟门之间为汉口紫阳书院戏台，"戟门内向为平台。春秋二祭演剧，则以直木承板为台，平时拆去"[1]，此时戏台还位于建筑室外，是临时搭建、随时拆卸的。闽省安徽会馆中轴线上布置头进与后进大厅，戏楼位于东路旁侧，仍处于次要地位。然而在北京安

---

① 陶晋英，等撰. 楚书·楚史梼杌. 湖北金石诗·紫阳书院书略[M]. 武汉：湖北教育出版社，2002：125.

徽会馆与保定淮军公所中，戏楼则位于中轴线最中心的位置，建筑体量也是最宏伟的，体现中心空间由议事空间向观演空间的转变（见图3-5）。

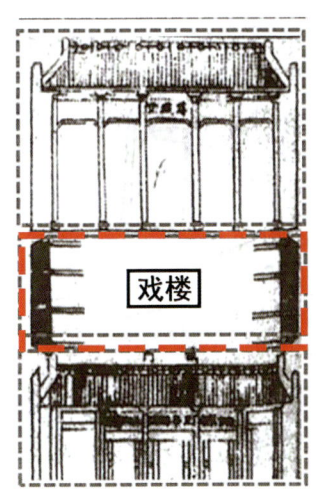

（a）汉口紫阳书院戏楼位于室外，临时搭建
（底图来源于董桂敷辑：《汉口紫阳书院志略》，清嘉庆十一年刻本）

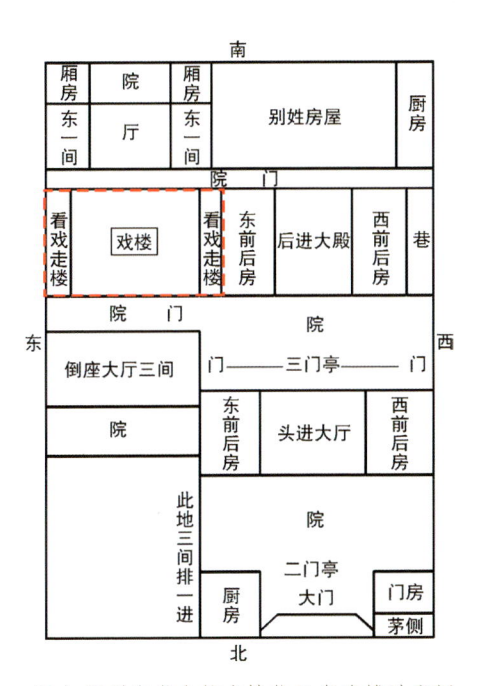

（b）福州安徽会馆戏楼位于东路辅助空间

（c）北京安徽会馆戏楼位于中路正中　　　　（d）保定淮军公所戏楼位于中路正中

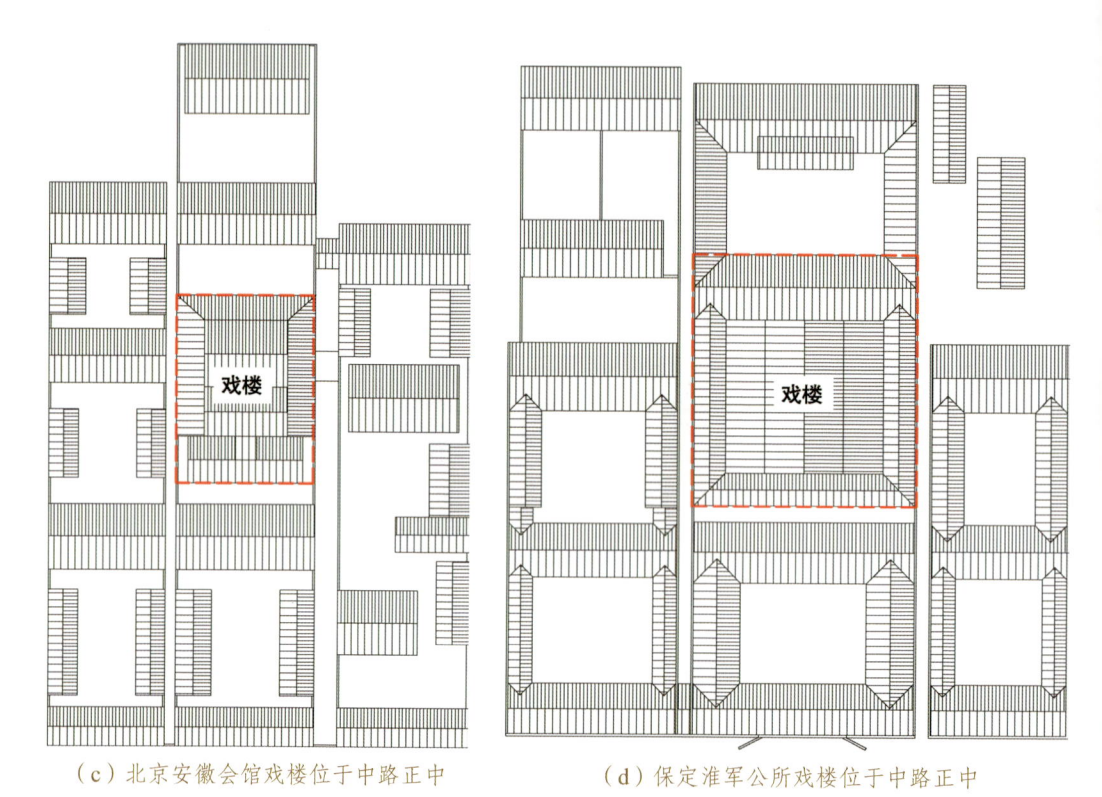

图 3-5　安徽会馆戏楼位置变迁

（三）结尾空间：以祭祀为主的私密性空间

  安徽会馆一般以祭祀性建筑作为结尾空间，有的会馆中大殿即结尾，有的则另设寝宫。中国古代规模较大的传统建筑均遵循"前堂后室"或"前朝后寝"的建筑空间序列，这是等级制度的体现，将寝宫放在殿后，也满足私密性空间的需求。安徽会馆中心大殿空间之后，一般会设置寝宫，此为会馆内部人员祭祀祖先先贤的场所，是神圣之地，外人不可随意出入。

  汉口紫阳书院尊道堂后即徽国文公寝室，因寝宫与后湖之间无遮挡，又加建文昌阁，以祭祀对会馆有功绩的人，形成两进祭祀空间，作为建筑的结尾；北京安徽会馆戏楼后空间序列为神楼、碧玲珑馆，也是用于祭祀的场所；保定淮军公所戏楼后即李文忠公祠，是祭祀李鸿章的场所；苏州淮军公所和苏州上塘河安徽会馆同样是以祭祀空间作为建筑收尾（见图3-6）。

（a）苏州安徽会馆

（b）苏州淮军昭忠祠　　　（c）保定淮军公所

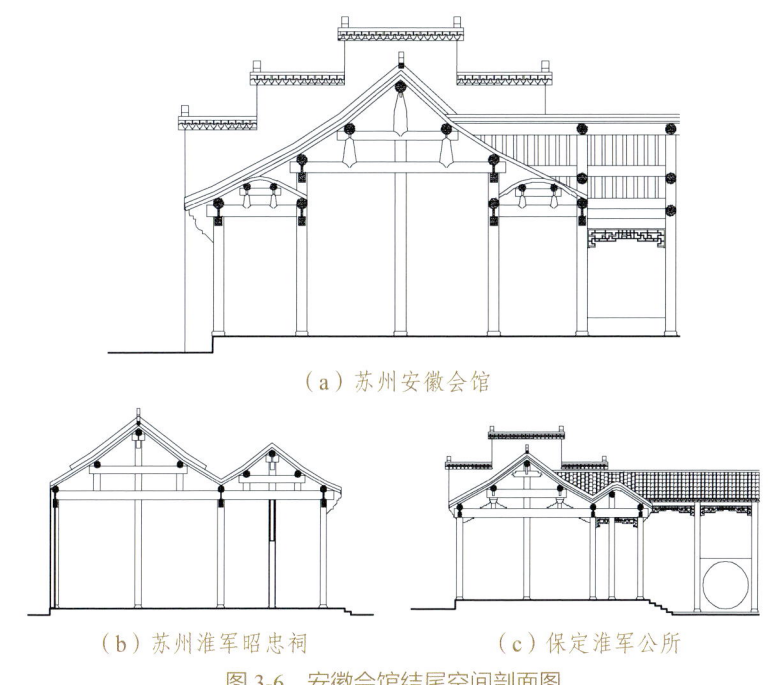

图 3-6　安徽会馆结尾空间剖面图

二、安徽会馆结构构造

徽州地区潮湿多雨，而木结构极易受潮，为延长木结构的寿命，徽派建筑将南方干栏式结构与中原平房式结构相结合[①]，使建筑承重结构与围护结构分离，在主体结构外选用砖石材料，以保护内部木构架，在建筑底部也采用砖石柱础，防止雨水侵蚀，即形成"室外见砖不见木，室内见木不见砖"的特色。安徽会馆建筑中也沿用了这种特色结构形式，形成以砖石墙面和马头墙组合而成的围护结构和抬梁式木构架为主的承重结构。砖

---

① 杨浩，张瑛. 徽派建筑文化与中原建筑文化的比较[J]. 戏剧之家，2016（3）：225-226.

木混合的结构形式与天井式院落的结合使得安徽会馆建筑形式呈现"外封闭，内开放"的格局，向外具有防御性，向内则为安徽同乡提供一个私密性场所（见图3-7）。

（a）苏州上塘河安徽会馆　　（b）扬州小流芳巷徽州会馆　　（c）保定淮军公所

图 3-7　安徽会馆外部砖石结构

（一）围护结构：砖石墙面与马头山墙的组合

安徽会馆外部用砖石将建筑整体包裹起来，开窗较少，形成密不透风的围护结构，以抵御自然灾害。在砖石材料的选择以及处理方式方面，则是因时而异、因地制宜的，如苏州与扬州虽地理位置相近，但是苏州的安徽会馆以白墙青瓦为主，与皖南徽派建筑相似，而扬州的安徽会馆则保留了材料原本的颜色，青砖裸露，瓦屋面颜色相对较浅，对比度不高；而位于北部地区的保定淮军公所也是保留材料本色，仅在马头墙与屋脊交汇处饰以墨线画。

马头墙是屋顶墙体高于屋面的一种硬山式的变形形式。而其相较于传统硬山式屋顶更加美观，成为徽派建筑中的象征性符号，因此能够在各地广为流传。

在传统徽派建筑中，马头墙不仅美观，也具有一定的防火性能和防御性能，因此又称作封火墙。马头墙在不同地方都有适应性变形，主要体现在材料的选择和造型上，如皖南地区在砖外刷白漆，而皖北则是青砖裸露；在造型方面也有三岳朝天、五岳朝天、人字脊等多种形式；马头墙收头处可分为"坐吻式""印斗式""鹊尾式"三种。

在安徽会馆中，马头墙一般为三岳朝天式，墙脊大多为印斗式和鹊尾式。它主要以三种形式出现：一是作为主体建筑的山墙面，保护建筑内部的木结构；二是作为屋顶装饰，打破屋顶单调感；三是连接院墙，起到分隔空间和围合庭院的作用。在保定淮军公所与苏州来凤桥安徽会馆中，马头墙的三种形式均有体现（见图3-8）。

（a）苏州上塘河安徽会馆　　　（b）保定淮军公所　　　（c）扬州场盐会馆

图3-8　安徽会馆中的马头墙

（二）承重结构：以抬梁式木构架为主

安徽会馆结构形式一般以抬梁式木构架为主，抬梁以七架前后廊和五架无廊形式居多，如北京安徽会馆中的神楼和碧玲珑馆为七架前后廊式，苏州上塘河安徽会馆中的风雨连廊为五架无廊式。安徽会馆在前后两廊处也会采用鹤颈轩、船棚轩等多种类型的卷棚式屋顶。而北京安徽会馆为满足戏台大跨度空间，在结构上颇有创意，其戏台顶为双勾连卷棚式屋顶，外围两圈柱廊，中间无柱。

安徽会馆木构架大多保留本色，仅在其上刻以木雕作为装饰，但也有部分安徽会馆受到地域性影响，用鲜明的颜色区分结构构造层次，如北京安徽会馆使用红色、绿色等鲜明色彩以表示梁、柱、檩条、椽子等结构（见图3-9）。

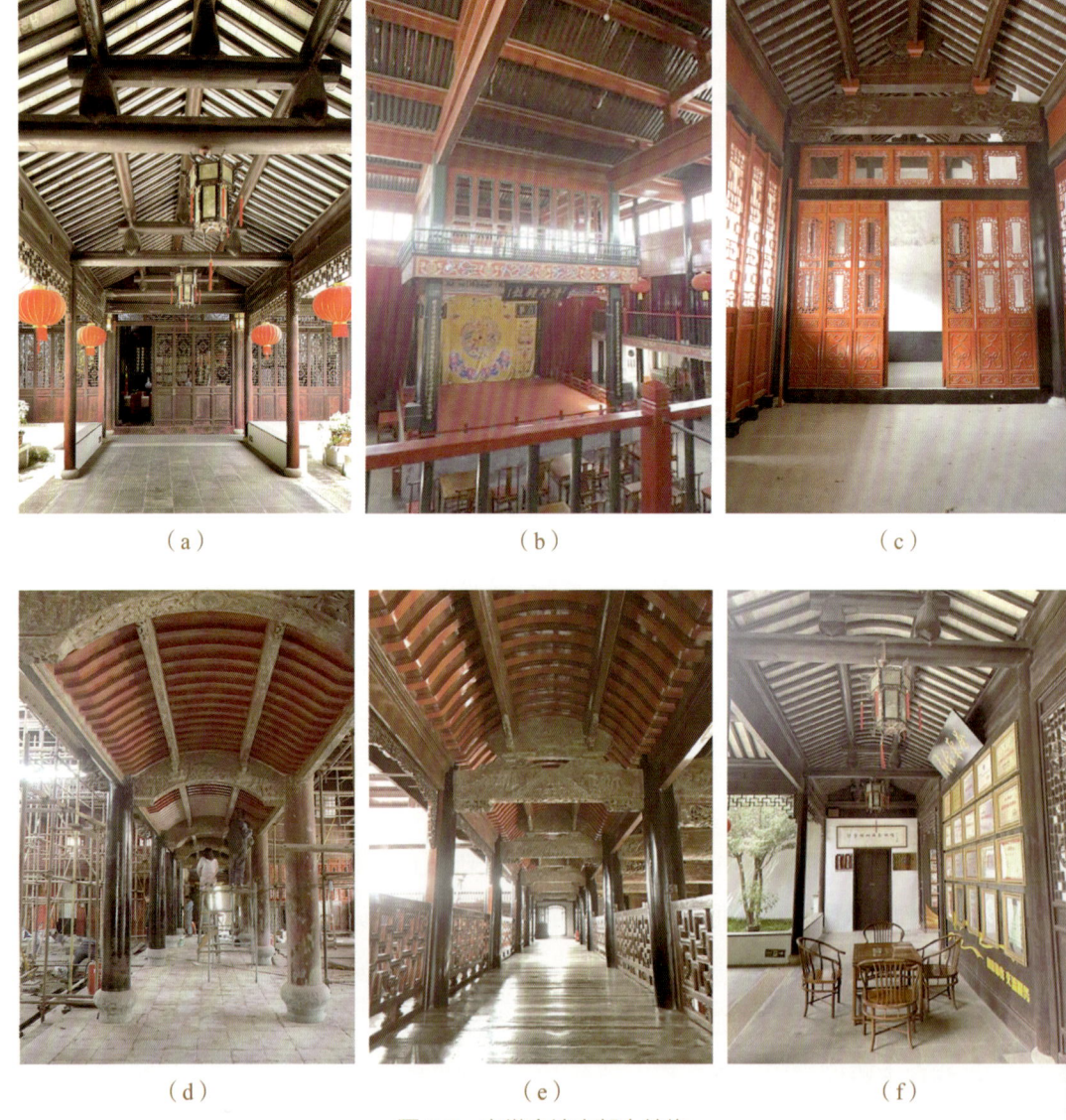

(a)　　　　　　　　　　(b)　　　　　　　　　　(c)

(d)　　　　　　　　　　(e)　　　　　　　　　　(f)

图3-9　安徽会馆内部木结构

第三节　安徽会馆的单体建筑与装饰细部

一、安徽会馆单体建筑

安徽会馆建筑形式以原乡性表达为主，在地性融合为辅，也因地域和修建者的不同呈现出不同的形态。本节对门楼、正殿、宗祠、戏楼、厢房及连廊等建筑单体和构筑物分别进行分析与说明。

（一）门楼

1. 牌楼式

牌楼式门楼是安徽会馆中常用的入口形式，是徽派建筑中牌坊与门楼的结合，即在门楼前将牌坊拼贴其上，牌坊高出屋顶瓦屋面并与之相连，在牌坊顶上常用砖雕刻鱼吻、飞檐翘角、瓦当滴水等，突出主入口的庄严气派。

安徽会馆中的牌楼式入口也有多种形式，等级较高的一般为四柱三间，也有两柱一间，门洞形式有圆有方，如汉口紫阳书院牌坊门洞为四柱三间拱形门，扬州厂盐会馆和小流芳巷徽州会馆均为随墙式两柱一间方形门洞（见表3-5）。

表 3-5　安徽会馆中的牌楼式入口

形式	四柱三间	两柱一间	
案例	汉口紫阳书院	扬州厂盐会馆	扬州小流芳巷徽州会馆
照片			

093

八字入口门楼是牌楼式门楼的一种变体，与传统牌楼式门楼不同的是，自屋内看向屋外，门楼侧壁两边为"外八字"形，这种门楼形式的好处是可留出足够的入口空间，自然形成入口小广场，供人们在此停留休憩。在安徽会馆中，有多种形式的八字门楼，等级较高的为三阶三门洞，三阶单门洞次之，两阶单门洞最低，门楼顶上为砖雕或瓦制雨檐，檐下有砖雕斗拱，斗拱下为砖刻牌匾，然后是门洞、台阶、抱鼓石等。

保定淮军公所为三阶三门洞式，门楼与外八字墙高差较大，凸显门楼的宏伟；苏州上塘河安徽会馆是将三门洞两阶门楼拼贴于高墙之中，墙作为背景凸显出门楼的宏伟；扬州四岸公所则是三阶单门洞形式，八字外墙与牌坊门楼落差较小；苏州南显子巷安徽会馆仅单门洞，为门楣式门楼，高度约五米，体量相对来说也较小（见表3-6）。

表3-6　安徽会馆中的八字砖砌牌楼

	三阶三门洞平立面	三阶单门洞平立面	两阶单门洞平立面
安徽会馆八字门楼基本形式			
安徽会馆八字门楼案例	保定淮军公所	苏州上塘河安徽会馆	

续表

安徽会馆八字门楼案例	 扬州四岸公所	 苏州南显子巷安徽会馆

2. 殿宇式

殿宇式门楼形式、结构均与主体建筑相似，显得气势磅礴。安徽会馆中的殿宇式门楼一般为四柱三开间或者五开间，中间三开间为入口，中柱连砖墙，正中开门洞，屋顶大多为硬山式，顶上两边有砖雕鱼吻，左右两开间为门房，作为会馆门卫管理处。苏州南显子巷昭忠祠的头门形式为四柱三开间殿宇式，入口两边以石狮装饰，仪门则为三开间，正中为入口，两边有房；淮军昭忠祠的入口与李文忠公祠并列，也是殿宇式，其形式与巢湖淮军昭忠祠十分相似（见图3-10）。

（a）苏州昭忠祠头门 　　　　　（b）苏州昭忠祠仪门

安 | 徽 | 会 | 馆

（c）保定昭忠祠入口　　　　　　　　　（d）巢湖昭忠祠入口

图 3-10　安徽会馆中的殿宇式门楼

3. 过街门楼

过街门楼在安徽会馆中比较少见，无锡紫阳书院为其中一例。建筑一层有八根柱子作为支撑，与水上码头相连，形成灰空间，河边分布石质座椅，可以想见古时人们在其下玩耍乘凉的热闹景象。二层均为木质结构，三面均设置木质隔扇门，推开门到达外围廊，可尽情观赏古镇和水中盛景。此过街门楼为不可多得的木建筑艺术珍品（见图3-11）。

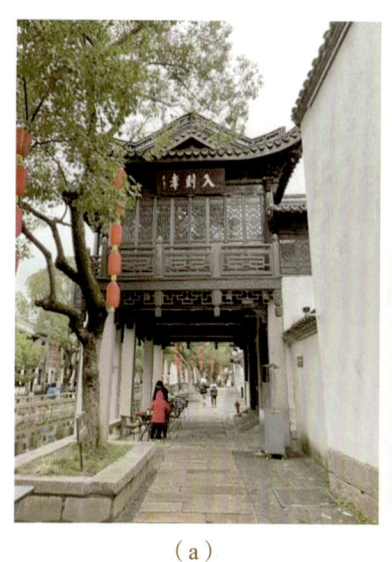

（a）　　　　　　　　　　　　　　（b）

图 3-11　无锡紫阳书院过街门楼

4. 垂花式

垂花门本是北方四合院建筑的常用形式，其坡屋顶檐柱垂吊在屋檐下方，不落地，且底部雕刻有花苞或者花篮的样式。徽州工匠吸取北方传统垂花门中特色元素，将其雕刻于砖墙之上，形成徽州特色的垂花式门洞。有的为砖木结合式，也有的将门楣全部用砖刻成垂花式，体现出徽州砖雕的精美。

北方传统垂花门雕刻与门洞结构合为一体，而在安徽会馆中的垂花仅作为装饰性雕刻而存在于门洞之上。保定淮军公所中的垂花门为建筑主体通向院落的侧门，是木雕与砖雕的精美结合，其顶上屋檐线脚为砖刻，出檐为木质雕刻，层次丰富，雕刻精美，垂柱为花篮式样，雀替雕刻木狮。苏州南显子巷安徽会馆门楼用砖雕成垂花式，虽然砖雕出檐与木质相比较浅，但是细节十分精美，与木质垂花门相比并不逊色（见图3-12）。

（a）保定淮军公所砖木融合垂花门　　（b）保定淮军公所垂花式砖雕门　　（c）苏州南显子巷安徽会馆垂花式砖雕门楼

图3-12　安徽会馆中垂花门形式

5. 门罩式

门罩式入口即在门洞外侧设置一圈砖质或石质门罩，防止雨水、蚊虫等对门洞的损坏。门罩式入口等级较低，一般用于安徽会馆侧门。门罩可有多种形状，如苏州上塘河安徽会馆、保定淮军公所通向庭院的侧门便是方形门罩式；苏州南显子巷安徽会馆旁的皖山别墅将门罩打磨成边角圆弧状（见图3-13）。

（a）苏州上塘河安徽会馆侧门　　（b）保定淮军公所侧门　　（c）苏州皖山别墅入口

图 3-13　安徽会馆中的门罩式入口

（二）正殿

正殿是安徽会馆的高潮，承担会馆最主要的议事与酬神的功能。安徽会馆中的大殿常设在第二或第三进院落，在承办祭祀活动和召开大会时，是人群集聚的场所，因此体量相对较大。

安徽会馆大殿有独栋式，如苏州淮军昭忠祠第二进大殿为双勾连式硬山顶；扬州四岸公所大殿为独栋楠木厅；汉口紫阳书院尊道堂面阔五开间，为马头墙硬山式屋顶。也有大殿与寝宫或仪门通过天井式院落相连的形式，因屋檐连成一片而并不凸显，如苏州上塘河安徽会馆大殿与仪门、头门均连为一体，殿前有风雨廊道作为缓冲空间；南京泾县会馆大殿与寝宫组成双坡四合院形式（见图3-14）。

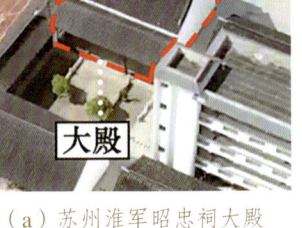

（a）苏州淮军昭忠祠大殿

（b）扬州四岸公所大殿

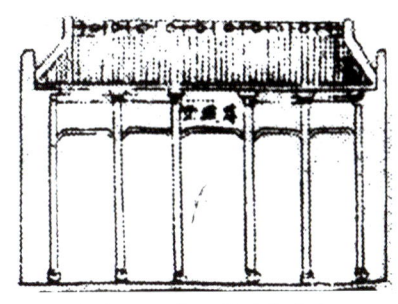

（c）汉口紫阳书院尊道堂
（图片来源于董桂敷辑《汉口紫阳书院志略》，清嘉庆十一年刻本）

（d）苏州安徽会馆风雨连廊与大殿

（e）南京泾县会馆大殿

图3-14 安徽会馆正殿形式

（三）宗祠

除正殿之外，安徽会馆中还设有宗祠，即放置祖先牌位之处，一般不对外开放，位于大殿后，规模和等级仅次于大殿，或者置于东、西两路。如汉口紫阳书院尊道堂后仍有徽国文公寝室和文昌阁，一是祭拜朱子，二是纪念对会馆有功绩的人；北京安徽会馆中路第三进为神楼，高两层，装饰华丽，东路为先贤祠堂；保定淮军公所南边中路最后一进设李文忠公祠，入口为抱厦形式，西路为昭忠祠（见图3-15）。

（a）北京安徽会馆神楼

（b）保定淮军公所李文忠祠堂

图3-15 安徽会馆宗祠形式

（四）戏楼

前文已经说明，安徽会馆中的戏楼经历了从室外到室内、从辅助位置到中心位置的演变过程。成为整个建筑群的中心后，戏楼的体量和规模都是最大的，也形成了特定形式。北京安徽会馆与保定淮军公所戏楼均为倒座形式，三面围合双层看台，戏楼后是扮戏房，总平面比例尺度接近于方形。其中北京安徽会馆上设藻井和八角形的洞口，起到汇聚声音的效果，而保定淮军公所戏楼内部采用鸡笼造景，使传声更为清晰、洪亮（见图3-16）。

(a) 北京安徽会馆戏楼 　　　　　　　　　(b) 保定淮军公所戏楼

(c) 北京安徽会馆戏楼天花藻井 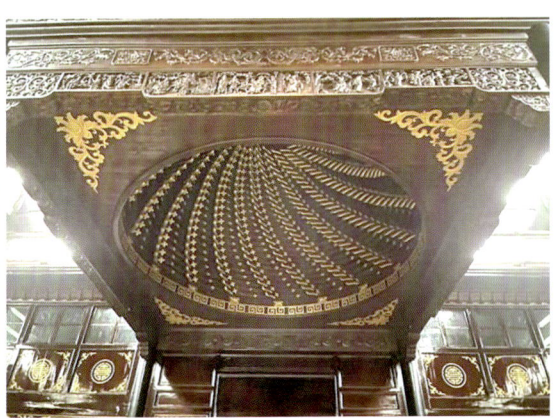　　　　　(d) 保定淮军公所戏楼鸡笼藻井

图 3-16　安徽会馆中的戏楼

（五）厢房及连廊

厢房及连廊位于主体建筑东西两侧，厢房为功能用房，连廊仅用于连接建筑，配合主要功能进行设置。安徽会馆中的厢房和连廊一般均为东西各三间，与主要建筑相连，形成天井式院落，如保定淮军公所与苏州上塘河安徽会馆。北京安徽会馆中的厢房独立存在，与头门和文聚堂形成四合院（见图3-17、图3-18）。

（a） （b） （c）

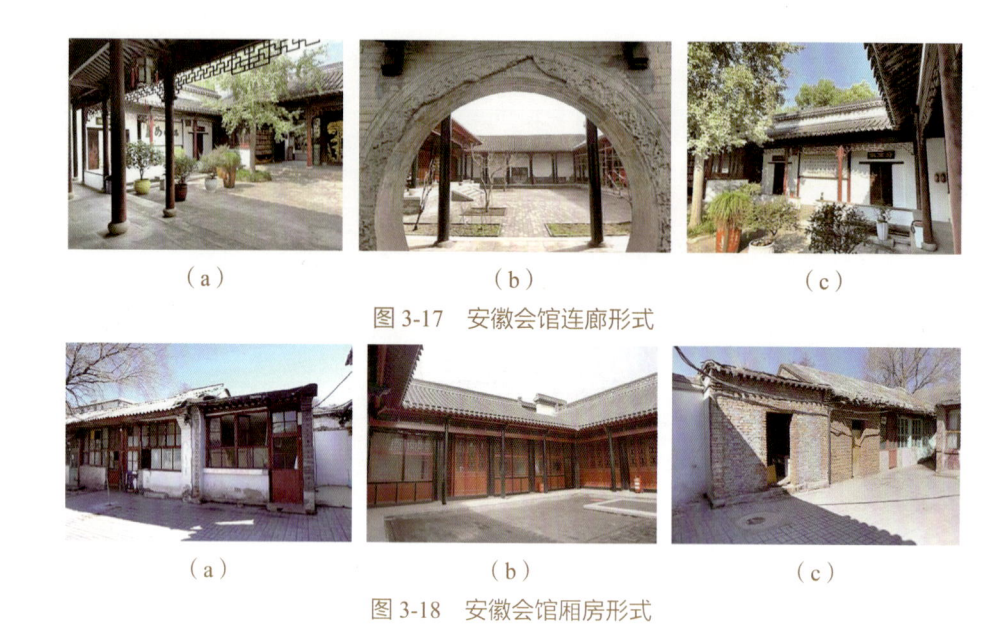

图 3-17　安徽会馆连廊形式

（a） （b） （c）

图 3-18　安徽会馆厢房形式

二、安徽会馆装饰细部

石雕、砖雕、木雕是徽州地区传统的民间艺术，起源于宋代，到明初已成型。随着时间的推移，其雕刻形式由浅入深，从平雕、浅浮雕到深浮雕、圆雕。雕刻内容多源于生活，以花草树木、亭台楼阁、飞禽走兽等生活中的所见事物或历史典故、戏曲杂谈、民间故事为原型改绘而成，也有一些具有吉祥寓意的文字。徽州雕刻与新安画派、徽派版画相互影响，共同形成徽文化别具一格的艺术特征，在安徽会馆建筑中多有表达。远道而来的徽州工匠施以巧手，在平平无奇的原材料上饰以雕刻，生动形象地展示徽州的场景，蕴含着对家乡深厚的感情，也让观者为之动容。

（一）木雕

木头相对于石、砖来说，质地轻而强度高，原料易得，雕刻起来最容易。在安徽会馆中，木雕广泛分布于建筑斗拱、梁、柱、雀替、门窗、栏杆扶手、牌匾等构件处（见图3-19）。

(a) （b） （c）
(d) （e） （f）
(g) （h） （i）
(j) （k） （l）

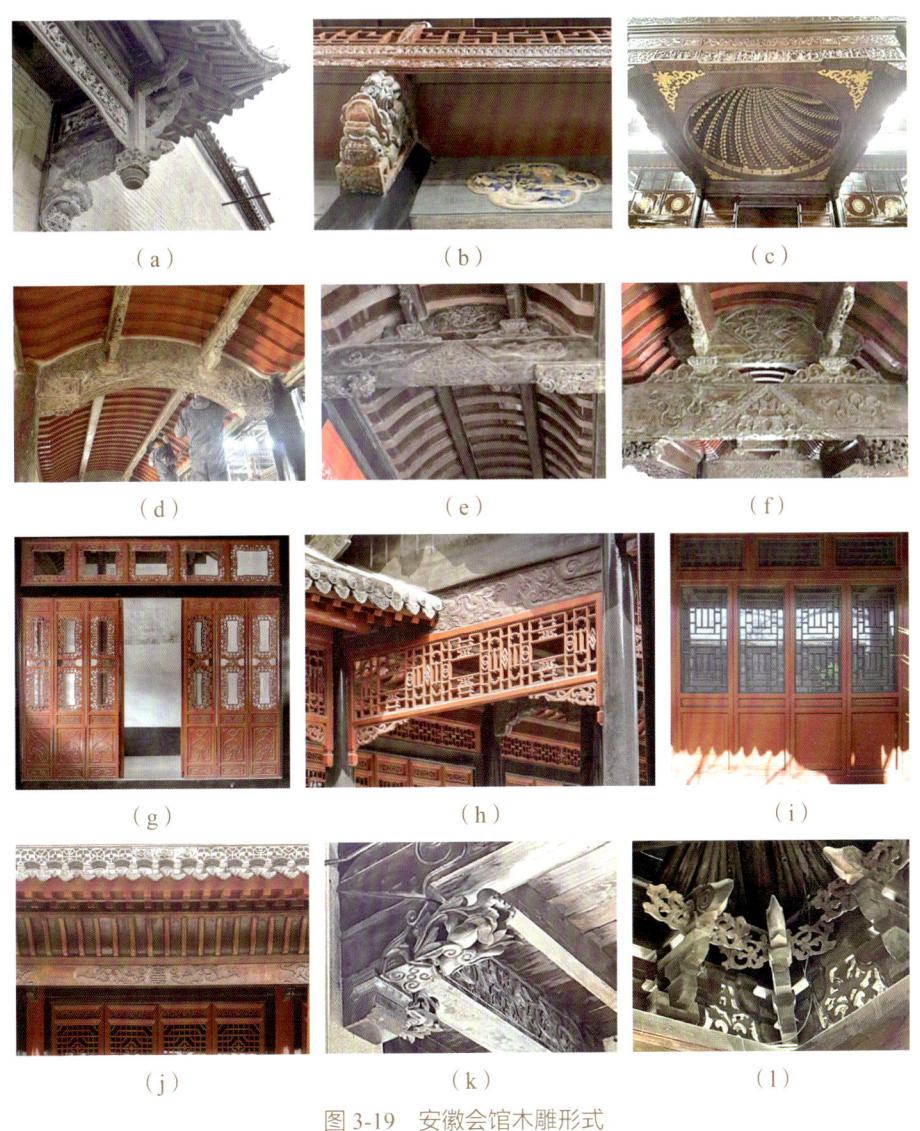

图 3-19　安徽会馆木雕形式

（二）砖雕

砖雕同石雕相似，质地硬，耐水腐蚀，耐火灼烧，保存时间长。但砖雕相对于石雕来说更为精细，层次更丰富，主要用于装饰门楼、门楣、墀头、屋顶脊兽、瓦当、滴水、窗隔、牌匾等处（见图3-20）。

(a) (b) (c)
(d) (e) (f)
(g) (h) (i)
(j) (k) (l)

图 3-20　安徽会馆砖雕形式

（三）石雕

　　石雕最为坚固，保存时间最久，但是雕刻难度也最大。建筑门楼外侧左右抱鼓石即为石质雕刻，是屋主身份地位的象征，屋内柱础也多为石质材料，具有防雨防虫、保护木材的作用（见图3-21）。

(a)　　　　　　　　　(b)

(c)　　　　　　　　　(d)

(e)　　　　　　　　　(f)

图 3-21　安徽会馆石雕形式

（四）彩绘与墨线画

彩绘是用鲜明的颜料在建筑上绘制装饰性图案，主要位于主体结构部位，而墨线画仅采用黑色涂料绘于白墙之上。绘画形式在不同地区的安徽会馆中具有地域适应性表达，受到周围建筑风格的影响。北方建筑中的彩绘色泽鲜明，而南方建筑则保留材料原色，或者以黑白灰的墨线画为主（见图3-22）。

（a）

（b）

（c）

(d)

(e)

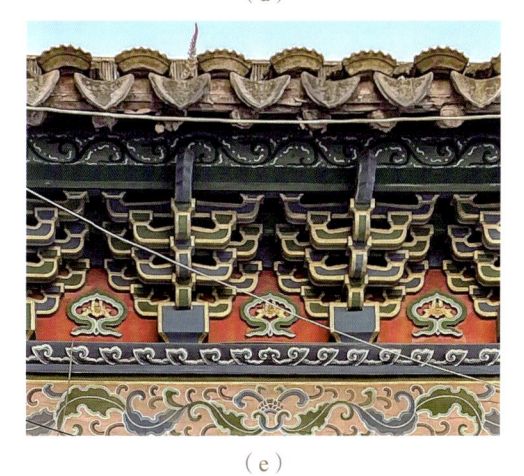

(f)

图 3-22　安徽会馆彩绘与墨线画形式

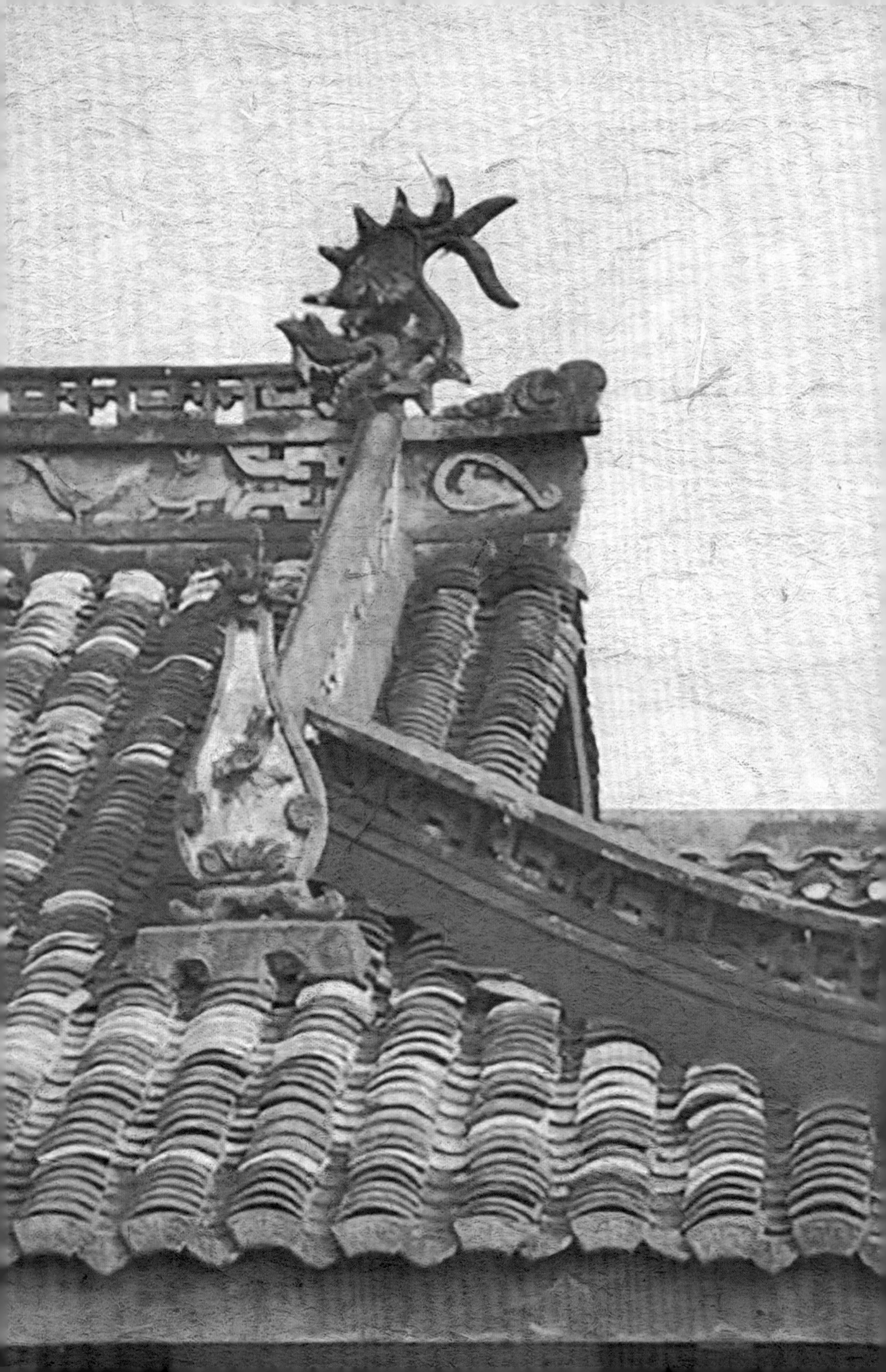

第四章 安徽会馆建筑实例

历史上存在过的两百多座安徽会馆中，仅有数十座留存于世。经过对历史资料的总结和对现存或修复质量较好的安徽会馆的实地调研，作者从文、商、军、仕多类型角度对安徽会馆进行实例分析。除上文所述的相通点之外，四种类型各有特色，故每种类型选取数个具有典型性的实际案例用以分析。

　　本章从历史沿革、选址特征、平面布局、建筑形态、结构构造、装饰细部等方面对以上所列举四种类型的实际案例进行建筑学视角下的安徽会馆个例研究。

第一节　以文为主的书院型会馆建筑实例

　　书院型会馆建设初心是为同乡子女提供良好的教育资源和条件，因此会馆建筑布局以书院为主、会馆为辅。本节选取两个具有代表性的书院型会馆——汉口紫阳书院和无锡紫阳书院进行分析和说明。

一、汉口紫阳书院

（一）历史沿革

　　汉口地处长江、汉水之滨，地理位置绝佳，自古便以商业重镇闻名天下。徽州占尽天时地利，沿徽池水道/徽宣水道—长江这一水路通道直达汉口。开拓了湖广地区的市场之后，徽州商人蜂拥而至，汉口也成为明清时期徽商的集聚地点。当时汉口的商人来自全国各地，大多数商人信奉神灵，祈盼神灵为其带来好运，一直有尊神而非尊贤的风俗，并未修建书院建筑。徽州商人对文化以及科考的关注为这一现象带来了改变。

　　早在宋理宗淳祐六年（1246年），徽州人在徽州始建紫阳书院，教书育人，祭祀朱子，"中为明德堂祀文公，以勉齐、元定佑之"①。紫阳书院选址于山中，穿过曲折蜿蜒的山路，方可抵达。徽州紫阳书院中路序列依次为牌坊门、大门，此为入口空间，向北进入大堂、道原堂，最后到达祭祀朱子的献靖公祠（见图4-1、图4-2）。

图4-1　徽州紫阳书院选址
（底图来源于施璜编《紫阳书院志》，
黄山书社2010年版）

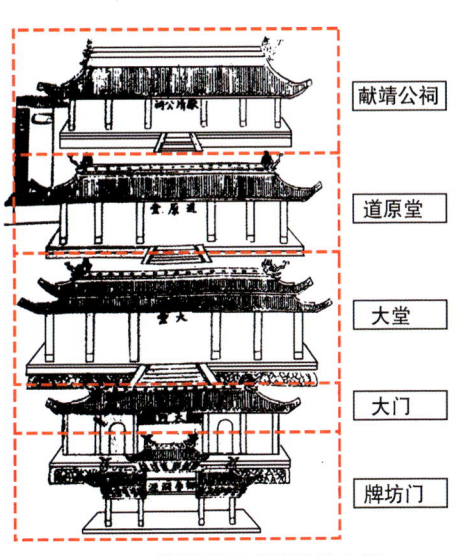

图4-2　徽州紫阳书院整体布局
（底图来源同左）

清康熙三十三年（1694年），汉口的徽商延续传统，在当地开书院之先河，广召徽州工匠，依照徽州祠堂的形制建设徽国文公祠，又名紫阳书院、新安书院。历经艰辛，波折不断，经过五十余年才建设完成。

（二）选址分析

汉口自古水泽漫漫，襟江带湖。明清时期，城市与江河湖海之间仍需

---

① 施璜，编．陈聊，胡中生，点校．紫阳书院志：卷二·建置[M]．合肥：黄山书社，2010．

筑起长堤以阻隔水患。紫阳书院建设之际，汉口沿镇中高地汉正街可分为四坊，分别是居仁坊、由义坊、循礼坊和大智坊，其中徽国文公祠位于循礼坊中间，是镇中高地（见图4-3）。雍正五年（1727年）六月初六，长江大范围决堤，汉口低处都可以坐船通行，唯独紫阳书院地基高且稳固，毫发无损，汉口镇居民皆在其中避难，长达数日。

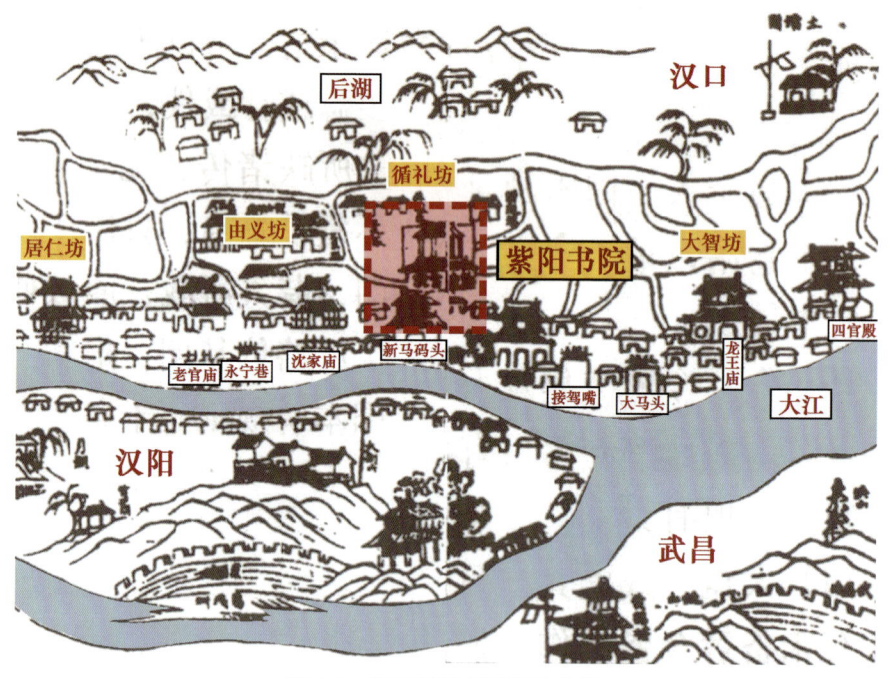

图 4-3　汉口紫阳书院选址分析

（底图来源于施璜编《紫阳书院志》，黄山书社2010年版）

（三）平面布局

汉口紫阳书院建立之前，徽州人在汉口"议时事，联乡情"的场所位于紫阳书院的西北角，是为徽僧长乐而建的准提庵，供奉准提菩萨。前文已说明，江南省商人祭祀准提菩萨较为常见，因此徽商常来此地祭拜，汉口准提庵也由长乐僧人管理，是紫阳书院的雏形。后因徽商人数急剧增长，准提庵规模不足，便又在其西边建设三元殿。三元殿后期置换给浙宁公所，准提庵却一直保留至辛亥革命时期。

与徽州紫阳书院相似，汉口紫阳书院总体有祭祀和教学与生活两大功能分区。

1. 祭祀功能区

从面向汉江的新安渡口登岸，上四十一级台阶，再向北行走十余步，就到了紫阳书院的标志性入口——魁星阁，其巍峨壮观如文中所描绘："飞檐高啄，上干青云，登临眺览，恍置身斗牛宫矣。"[①]魁星阁下南北宽敞畅通，南边名为"新安津梁"，北边是"安土敦仁"，一阁相隔，南北风格迥异。魁星阁后是紫阳坊大街，街的北面是新安巷，新安巷深三十多丈，东边有待出租的房屋，以补贴文公祠堂的花销。沿着新安巷走到尽头就到了徽国文公祠，首先映入眼帘的是照壁，起到阻隔空间、欲扬先抑的功能，再往前走是木栅，而后是雄壮的石质门楼——戟门，木质与石质构筑物交替出现，打破空间的单调感。进入具有礼仪性质的仪门，穿过长廊，便来到尊道堂，"尊道"即尊紫阳夫子。再往北走，是徽国文公寝室，寝室有两层，中间是半亩方塘，景色优美。由于寝室与后湖间并无遮挡，北面阴凉潮湿，因此建立高大的文昌阁，以阻湿气。文昌阁一层西边是报功祠，为纪念对会馆建设有功绩的人，东边是始建祠，以纪念会馆的四位创建者（见图4-4）。

2. 教学与生活功能区

教学与生活功能区均位于祭祀建筑的西侧。以兼山丽泽为起点，北侧是祭祀更衣之所——致一斋，斋后为六水讲堂，用以宣扬程朱理学。往北是主敬堂，主敬堂西边有通道直达愿学轩。堂北为厨房，厨房北部是启秀书屋，启秀书屋楼下有堂和房，楼上均为房间，是学生学习和住宿的主要场所。由于徽国文公寝室夏季居住炎热，因此将其西部布置成亭台水榭，与花圃、廊道相映成趣，借凉又美观。最北边是宴射轩，也是教学与生活区的终点。宴射轩楼下为待客之地，楼上是藏书阁（见图4-5）。

[①] 陶晋英，等撰．楚书·楚史梼杌．湖北金石诗·紫阳书院书略[M]．武汉：湖北教育出版社，2002：125．

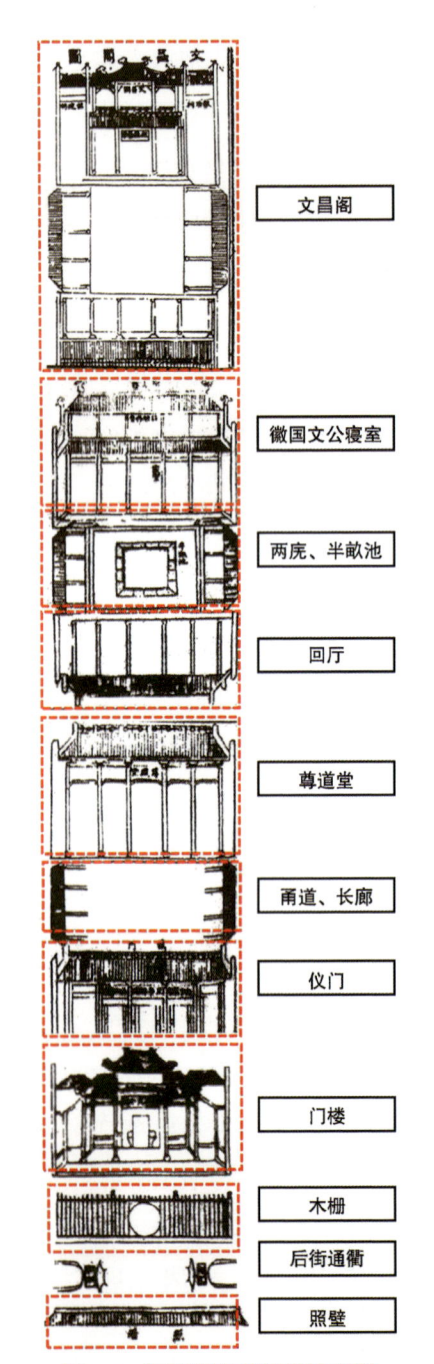

图 4-4 汉口紫阳书院祭祀序列
（底图来源于董桂敷编《汉口紫阳书院志略》，
嘉庆十一年刻本）

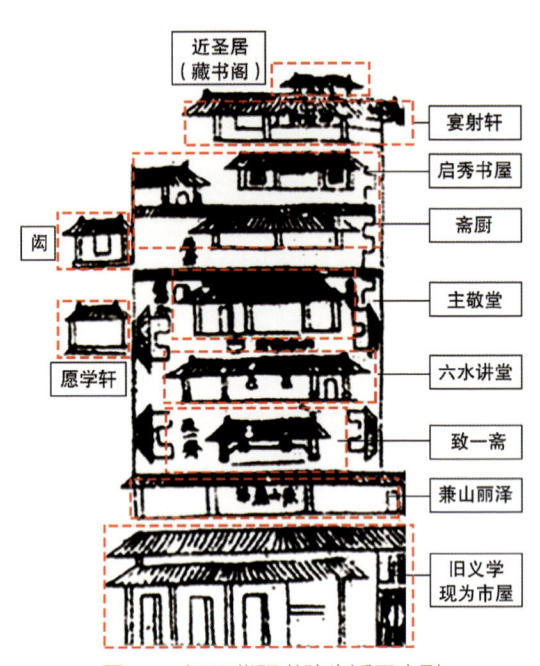

文昌阁
徽国文公寝室
两庑、半亩池
回厅
尊道堂
甬道、长廊
仪门
门楼
木栅
后街通衢
照壁

近圣居（藏书阁）
宴射轩
启秀书屋
斋厨
主敬堂
六水讲堂
致一斋
兼山丽泽
旧义学现为市屋
阈
愿学轩

图 4-5 汉口紫阳书院生活区序列
（底图来源于董桂敷编《汉口紫阳书院志略》，
嘉庆十一年刻本）

3. 其他功能区

除祭祀和教学与生活功能区之外，紫阳书院在一江之隔的汉阳附设三处义阡，用以安葬客死他乡的徽州人，分别位于潘家庙、十里铺东岳庙和许家冲。

（四）空间形态

汉口紫阳书院的两大功能区分别形成两条轴线，中部轴线严谨有序，为祭祀功能区；西部轴线灵活多变，还有景观点缀，为教学与生活功能区。

在汉口紫阳书院的祭祀轴线中，南为魁星阁，北为文昌阁，供奉两颗科举之星宿的场所首尾呼应，中间为祭祀朱子的尊道堂和文公寝室。从南到北，面宽相当，新安巷中有照壁、木栅、戟门、仪门等构筑物，创造前导空间，增强祭祀空间的仪式感。汉口紫阳书院入口门楼为砖刻四柱三间的牌坊门形式，门洞为拱形门，门楼顶上均飞檐翘角。旧照中隐约可见内部悬山顶（见图4-6、图4-7）。

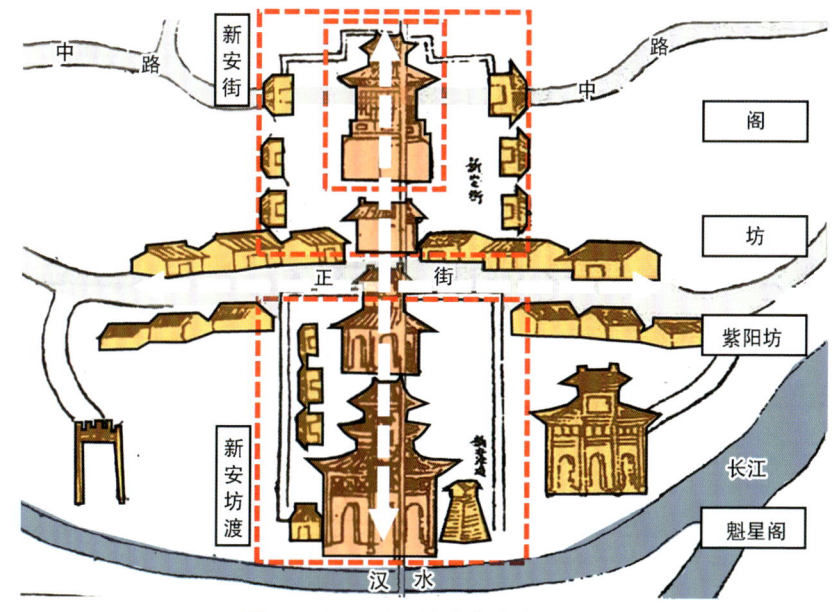

图 4-6　汉口紫阳书院中路空间序列

（底图来源于董桂敷编《汉口紫阳书院志略》，嘉庆十一年刻本）

图 4-7　汉口紫阳书院门楼

而教学与生活轴线的序列性相对较弱，且部分是服务于祭祀空间而设立的，如致一斋为祭祀更衣之所。西区以主敬堂为中心，南、北、东三侧分设学堂和住宿，流线灵活多变，建筑体量相对较小。

（五）建筑构造

汉口紫阳书院框架结构仍为抬梁式木结构，两边以高高的马头墙树之，一方面彰显了徽派建筑特色，丰富建筑造型；另一方面考虑防火安全性能。康熙四十九年（1710年）八月二十六日，汉口大火，烧毁万余房屋，唯独紫阳书院安然无恙，居民均来到尊道堂和寝室前躲避火灾。

另外，汉口紫阳书院在建造时还考虑到建筑的抗震性能，如文昌阁地基的做法是：在地块中掘土八九尺，插入松桩，共用松桩1 100多根；在文昌阁周围先用大的石块填筑，使地基牢固，再用红色条石铺于其上三层，横纵交错，下大上小；墙角共十三层，内用红石，外面用漕河白石包裹，白石呈不规则式排列；墙用砖砌，错缝砌两层，上搭楼板。这样的施工工艺保证了汉口紫阳书院的防震安全性。

（六）建筑现状

如今，汉口紫阳书院建筑群已遭大面积损毁，唯有一面青砖墙留存，依稀能看出墙角大块白石填充的做法，部分绘有雕刻纹样（见图4-8、图4-9）。

图4-8　汉口新安书院挂牌　　　　图4-9　汉口新安书院雕刻

新安公所位于新安街9号，原址为准提庵，于近代重建。现遗存一栋完整的两层建筑。经改造修复后，入口门楼为混凝土材质，拱形门洞套方形门框，进入建筑内部后是一个长约4米、宽约3米的天井式院落，经院落可通向东、西、北三面的房间。楼梯位于东北角，抵达二层还依稀能够看出木构架形式。新安公所现已改造为民居建筑（见图4-10至图4-13）。

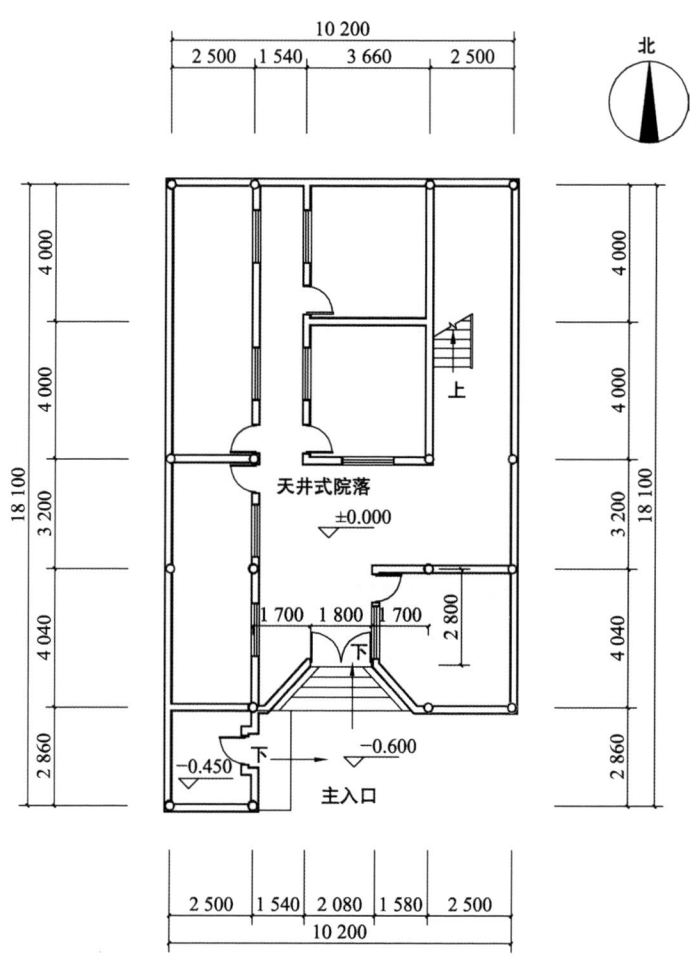

图4-10 汉口新安公所平面图

图 4-11　汉口新安公所入口门楼

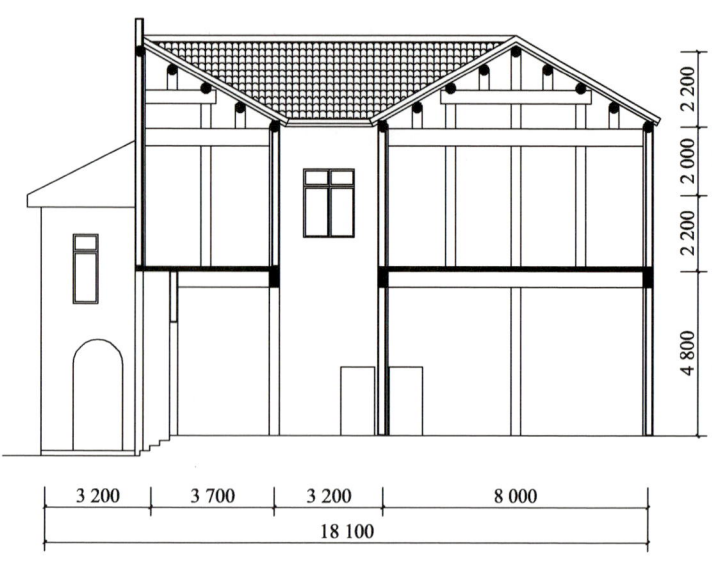

图 4-12　汉口新安公所剖面图

图 4-13　汉口新安公所屋顶结构

二、无锡紫阳书院

（一）历史沿革

无锡自古以来便是理学发展之重地，文风兴盛，有多座书院、义塾、学堂等建筑，且位于江南地区、运河沿线，商业也是一片繁盛。无锡紫阳书院又称朱文公祠，前身是元代强可仕的住所，后又改为"栖隐园"，清康熙年间被祖籍位于徽州的盐商改建为紫阳书院，从购置土地、建设书院到开设课程等全部由盐商一手操办，所以，这座书院具有一定的商业特征。民国时期，无锡紫阳书院不再具有教学的功能，转变为同业性质的盐务公所。

（二）选址分析

无锡紫阳书院选址于惠山东北角，东边即为古运河，惠山南部为太湖。整个惠山古镇呈三角形，南边是绣嶂街，北边运河支流龙头河沿东南方向顺流而下，无锡紫阳书院正对"丁"字形河流，是古镇最为核心的位置。古镇中有数十座祠堂和名人故居，还有二泉书院、东林书院等多座教育建筑。安徽人更是对其青睐有加，合肥人李鸿章的弟弟李鹤章在此建立李公祠，为典型徽派建筑风格，沿惠山拾级而上还可到达淮军昭忠祠（见图4-14）。

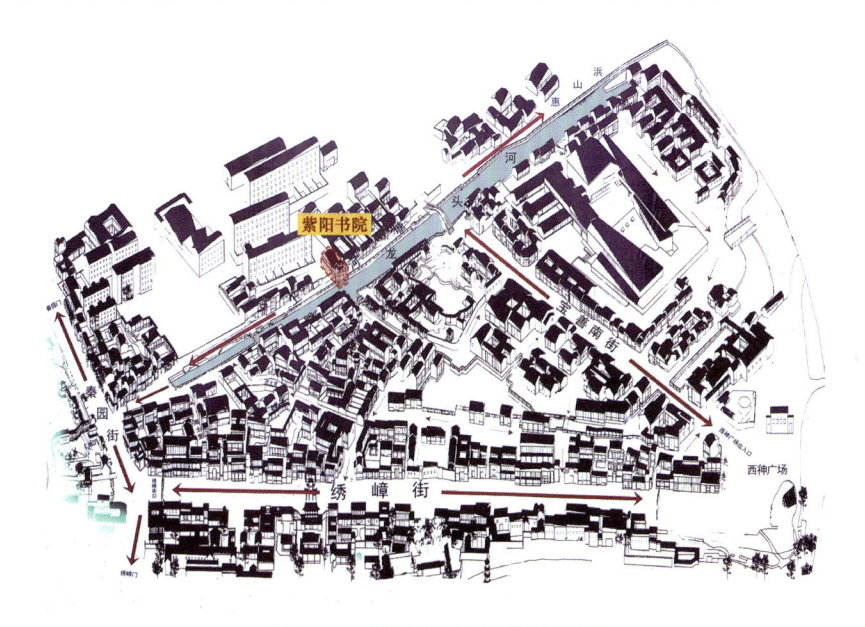

图 4-14　无锡紫阳书院选址分析

（三）建筑形态与布局

无锡古紫阳书院原有四进院落，垂直于龙头河而建，如今大部分已不存，只留下门厅，紫阳书院中祭祀紫阳文公朱熹。入口门楼是过街门楼的形式，入口处形成灰空间，共两层，门楼下有8根花岗岩石柱支撑，前面两根伸入水中的石柱上写着"蹈中庸之路，处正直之节；体纯和之德，秉仁义之操"，为清代著名书法家李文田题字。石柱上的门楼为木质，屋顶形式是重檐歇山顶，丁字屋脊，顶上有卧龙砖雕。东西两面有抱厦，屋顶均设有柱头铺作。东、西、南三面向外出挑观景平台，四面栏杆围合，栏杆下有垂柱。南面屋顶下挂有写着"溪山第一楼"的牌匾，东面是"入则孝"，西面是"出则忠"，由朱熹所题。面向水面的8个屋顶翼角均高高翘起，适宜南方建筑排水（见图4-15）。

图 4-15　无锡紫阳书院门楼

（四）建筑构造与装饰细部

建筑主体为三开间，总高度10.3米。过街门楼北面与门厅内部相连，门厅一层的屋顶为井字梁。门楼二层与主体建筑约有450毫米的高差，用三级楼梯化解。门楼三面开门，可通向室外平台，古镇风光，一览无余。

主体建筑内部均为抬梁式木结构。过街门楼的构造较为复杂，歇山式屋顶高高凸起，由三根檩条和圈梁构成，圈梁下四周都有装饰性斗拱，排列密集，为清代建筑做法。两个斗拱之间的空隙用雕花相连，昂两边也有雕花，装饰华丽。第二层屋顶相对低矮，四周有斜撑固定，东西两边抱厦的屋顶也为歇山式，南边仅有出檐。

窗户和二层木门的装饰形式均为龟背锦，排列整齐。木门玻璃下方雕刻上下两只蝙蝠，中间福字纹样寓意福禄双全，柱头雀替也有雕花（见图4-16、图4-17）。

（a）抬梁式木构架　　（b）歇山屋顶结构
图4-16　无锡紫阳书院结构形式

（a）斗拱　　（b）门板　　（c）雀替
图4-17　无锡紫阳书院木雕形式

第二节　以商为主的商业型会馆建筑实例

　　商业型会馆是会馆数量最多的一种形式，主要为商人提供便利，承担商人议事、祭祀、安葬、娱乐等功能，可分为同乡会馆和同业会馆。本节选取扬州的两座同乡会馆和三座同业会馆进行分析与说明。

　　明清扬州古城是一个四方城，东、南方向以古运河为界，北边是外城河，西边是二道河，城中东西方向约五分之二处被城墙分隔为新旧二城。西边是旧城，以汶河为中轴线，道路横平竖直，较为规整、方正，为扬州官绅住所；东边是新区，因紧邻运河发展而来，被东关街、贤直街、左卫街分为四个区域，道路不规则排布，街道划分较为自由，为扬州商人住所。

　　扬州商业繁荣，涵盖广泛，有盐业、钱业、布业、油业等，其中以盐业最盛，而扬州的盐商中人数最多的就是安徽商帮。因此，安徽商帮在此地留下了许多会馆公所，其中有各地盐商共建的同业会馆，亦有同乡会馆（见前图2-6）。

　　扬州古城中的南河下历史街区位于新城南部，历史上是连接钞关的街道，后来成为扬州盐商活动的集中区域，也是盐商文化重要的载体，因其位于古运河地势较低的南河边，因此得名南河下。其中分布着多座盐商会馆和盐商住宅、园林，盐商会馆有四岸公所、场盐会馆等，盐商住宅有许氏盐商住宅、贾氏盐商住宅、廖式盐商住宅等。而紧靠南河下的引市街是销售"盐引"的固定市场，引市街的盐引价格也实时影响着各省的食盐价格。扬州另一条著名的商业街名为东关街，明清时期手工业兴盛，这里分布着旌德会馆和盐务会馆（见图2-18）。

图 4-18　现扬州安徽会馆分布图

一、扬州南河下四岸公所

（一）历史沿革

扬州南河下四岸公所为安徽与湖南、湖北、江西三省共建的盐业会馆。清朝至民国时期，四岸公所作为四省盐务通商口岸联合办公之处，供四省盐务办公人员商议盐业产、供、销、运等具体事宜之用，起到平衡盐价的作用。管理四省盐务的四岸公所在清末民初发挥着重要的作用。

（二）建筑形态

四岸公所位于南河下历史街区丁家湾118号，原建筑分为东、中、西三路，有房屋90余间。如今内部房屋损坏严重，仅存门楼、主屋楠木厅以及一座两层的天井式院落建筑，依稀可以看出昔日的辉煌。

四岸公所入口门楼为三阶单门洞式八字牌楼，为典型"五凤楼"的形式。面阔约10米，高约8米（见图4-19）。向内退出一个进深约为5米的入口小广场，牌楼材质为六边形水磨砖，砖上雕刻着一些寓意吉祥的图案，

图 4-19　扬州四岸公所八字门楼

如福、禄、寿,以及花草植物等,两侧有吊角笋底砖八字墙。楠木厅木构架全部用上等楠木制作而成,面阔三间,高两层,进深七檩,抬梁式木构架,硬山式屋顶。主厅之后为近代修复的两层天井式院落,南、北、东三面有房屋,西边为连廊,直到近代一直沿用其办公功能,现已荒废,亟待修复(见图4-20、图4-21)。

(a)

(b)

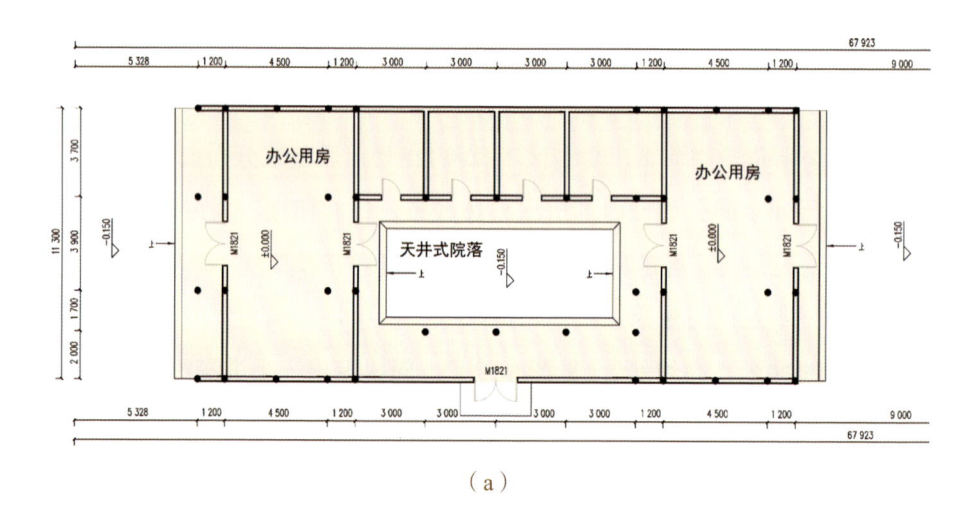

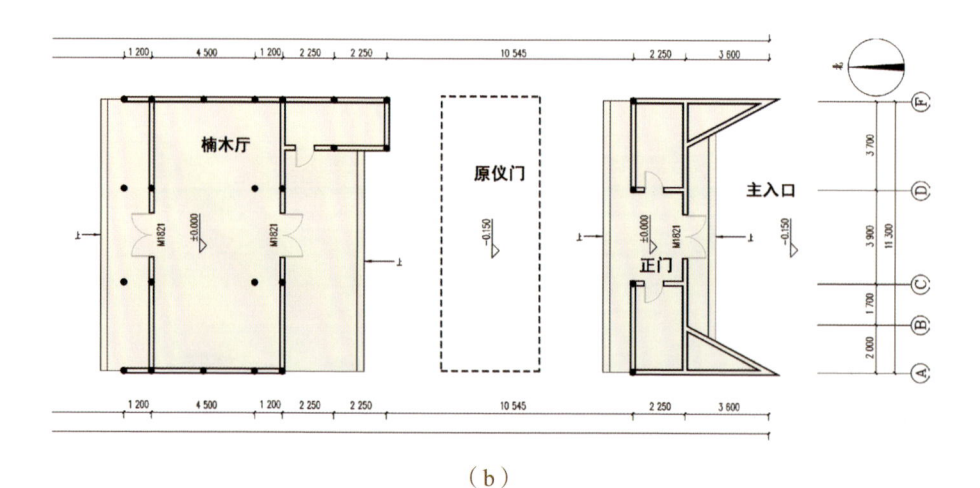

图 4-20 扬州四岸公所平面图

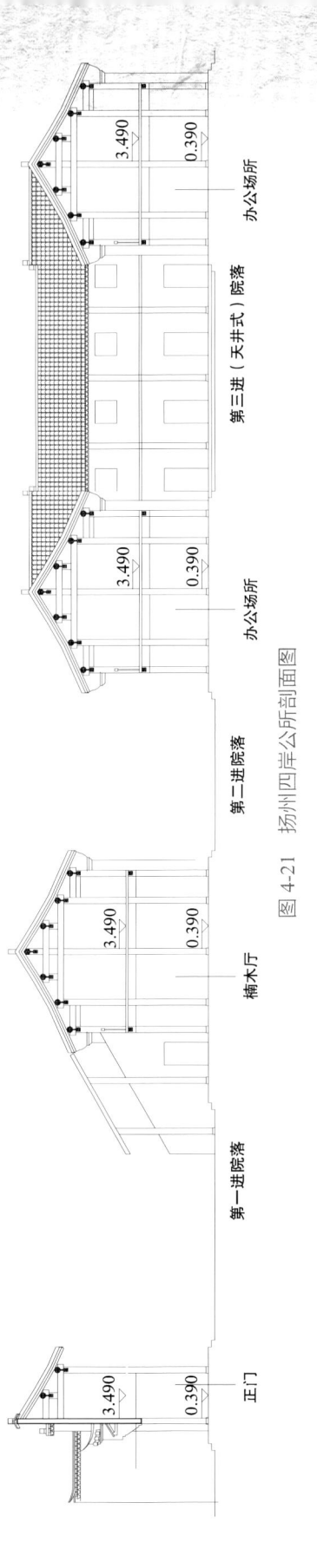

图 4-21　扬州四岸公所剖面图

二、扬州南河下场盐会馆

盐的运输有三个步骤,分别是产盐、运盐和销盐,分别对应着三种盐商,即场商、运商和食商,场盐会馆即为场商使用之场所。

扬州场盐会馆位于南河下历史街区新大原62号,目前仅存砖刻门楼和一进院落。门楼形式为装饰简单的随墙式,材质是六边形水磨砖,砖雕图案为莲花、莲瓣、卷草等植物,仪门上雕刻福、禄、寿三星,寓意福如东海、寿比南山。室内依稀可见五架木结构屋顶。门楼两侧均有三岳朝天跌落式马头墙(见图4-22)。

(a) (b) (c)

图4-22 扬州场盐会馆

三、扬州东关街盐务会馆

盐务会馆曾是收缴盐税的关口,门前圈门汉白玉石额上写有"盛世盐关"四字,始建于乾隆年间,由大盐商黄至筠投资建设,以彰显盐业税收的重要性、树立盐法的威严。咸丰年间遭战火破坏,后于光绪十三年(1887年)由两淮盐运使、歙县人程恒生和扬州知府宜霖等官员募资重建。清末民初,两淮盐运使司录事吴佩江再度重建,现房屋为吴佩江后人所有。

盐务会馆位于东关街396、398、400号,坐北朝南。盐务会馆建筑群原有29间房屋,前后七进院落。现存主房三进,面积共300多平方米。从东关街穿过狭窄的巷道，可到达其东边侧门，侧门入口也是八字门楼的形式，不过没有单独的门楼，而是与主体建筑屋顶相连，向内退出入口平台。门上用水磨砖简单雕刻花草装饰，墙体的主体材质为青砖（见图4-23）。

(a)　　　　　　　　　(b)　　　　　　　　　(c)

图 4-23　扬州盐务会馆

从东侧门入内，正对一个天井院落，第一进门厅顶上有砖雕门额"蔼园"，为安徽合肥著名作家张允和所题；第二进名为"观乐堂"，有前廊和左右厢廊，面阔五间，走廊上方为"轩"顶。门前楹联上写着"奇花有骨开愈秀，满月无波望转深"，建筑中灯笼锦式木雕窗隔保存完好；第三进名为"庆远堂"，为"明三暗五"格局，并有屏门通屋后庭院，院内有古井及假山花木。

四、扬州小流芳巷徽州会馆

以上三个实例皆是因盐而兴起的同业会馆，为安徽盐商与其他地区盐商共用。由于安徽商人在扬州人数众多，因此也建设了同乡会馆，为同乡提供庇护之所。

徽州会馆，又名徽国文公祠、徽州恭善堂，建于光绪十一年（1885年），位于小流芳巷4号，距离古运河仅约200米，曾是祭祀朱子、安放徽商灵柩之所，如今已成为民居。

127

安徽会馆

现存完整的一进院落，坐北朝南，约为10米高，南边为单坡屋顶，北面为双坡，中有连廊，屋顶连成一体，为天井式院落。居民自建南边和东边一组房屋，墙体全部用砖砌筑而成，不同颜色和尺寸的砖交替出现，修补痕迹明显。

从西边小门进入，先是一进院落，门楼位于北墙正中央。门楼可分三段，顶上是砖砌挑檐；中段为六边形和方形水磨砖拼接而成，四角均有雕刻，为花草式样，正中雕刻三位老人，膝下有孩童环绕，神态自若，惟妙惟肖；下部为门洞，门洞两边长方体石雕中雕刻鹿和仙鹤，寓意"鹿鹤同春"。整个建筑仅北面有两扇高1.5米左右的木质窗，上有木质雨棚（见图4-24）。

（a）人视图　　（b）入口牌楼

（c）门楼砖雕　　（d）入口石雕　　（e）木质窗隔

图4-24　扬州小流芳巷徽州会馆

五、扬州彩衣街旌德会馆

旌德会馆位于彩衣街弥陀巷1号，彩衣街与东关街相连，因古时售卖衣物而得名。旌德会馆是宁国府旌德县商人在此地建立的会馆建筑，现存五进院落，坐北朝南，装饰较为简单。建筑屋顶形式全部是硬山顶，青砖墙体，仅有一层，高度约为6米，山墙连成一体，形成重复式韵律。院落为北方四合院形式，大小相同，排列整齐。旌德会馆目前为居民所有，已重新装修，入口沿弥陀巷布置（见图4-25）。

（a） （b） （c）

图4-25 扬州彩衣街旌德会馆

第三节 以军为主的昭忠祠与淮军会馆建筑实例

昭忠祠与淮军会馆修建时间较晚，主要使用者是李鸿章等安徽籍官员和淮军，以祭祀功能为主，兼淮军演练兵法、休闲娱乐等功能，本节以保定淮军公所为例进行分析与说明。

一、历史沿革

保定淮军公所又名敕建李文忠公祠，始建于清光绪十四年（1888年），由李鸿章倡建，是全国九座淮军昭忠祠中的第七座，也是规模最为宏大的一座。初建之时仅有淮军昭忠祠与淮军公所，在李鸿章去世后的第二年（即1902年），清政府特批将昭忠祠中间一路改为李鸿章专祠。

保定取自"保卫首都"之意，是除北京以外最重要的政治、文化以及军事中心。清朝时期，各地信息交换都远不如现在便捷。而每年到北京参政议政的大臣必定路过保定，因此，保定既是首都门户，又是信息集散中心。雍正时期，保定正式建立直隶总督署，直到清末才废止；由直隶总督李卫督办的莲池书院一度成为北方最高学府；中国第一所陆军军校也位于保定。

二、选址分析

昭忠祠是以祭祀为主的场所，因此选址极为讲究。一是应与淮军行进路线有关联，常选址于发生过较大战争的场地或淮军集聚场地；二是不能建立在闹市区，应为清净之所，且场地要开阔，以便练兵；三是周围应有水域和山脉，符合中国风水理念；四是附近应有超度亡灵之所，因此常与寺庙相邻，如安徽巢湖昭忠祠建立在中庙旁，而淮军公所选址正是在保定城隍庙原址。

三、平面布局

保定淮军公所建筑群以南北分区，南为李文忠公祠，北为淮军公所。整体场地呈矩形，西临恒祥大街，南靠兴华路。入口位于南边，入口前有小广场。建筑群西北边是淮军练兵场，西北角还设马厩，西南边为观赏休闲区，设有荷花塘和绿化铺地等，西边有入口（见图4-26）。

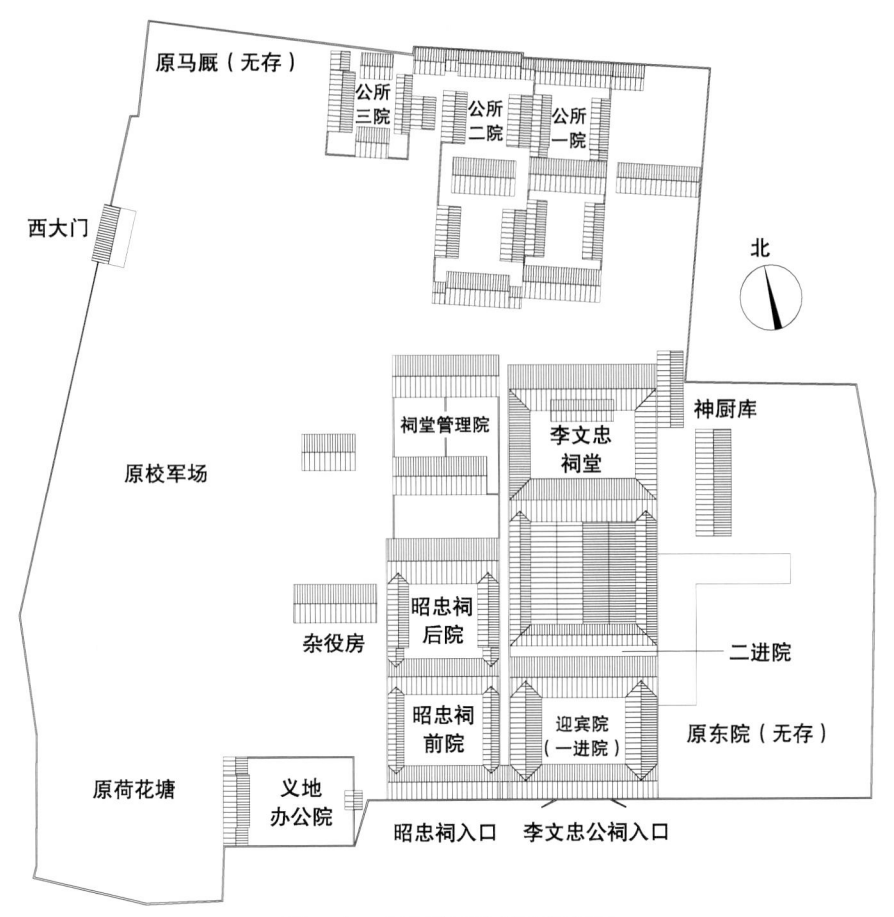

图 4-26 保定淮军公所总平面图

  李文忠公祠共有三路，以祭祀功能为主，其中：中路为李鸿章专祠，共三进院落；西路为昭忠祠，四进院落；东路为生活辅助用房，两进院落。各路之间均留有一米多宽的过道，过道尺度与徽派建筑相仿。

  北边是淮军公所，与南边相隔一条约4米宽的巷道。公所面积大约只有李文忠公祠的一半，建筑尺度也略小。淮军公所亦分三路，为淮军日常生活之场所，中、东路为主人用房，都有两进院落，院中各有一颗保留树木；西路为仆人用房，只有一进，相对简陋（见图4-27、图4-28）。

131

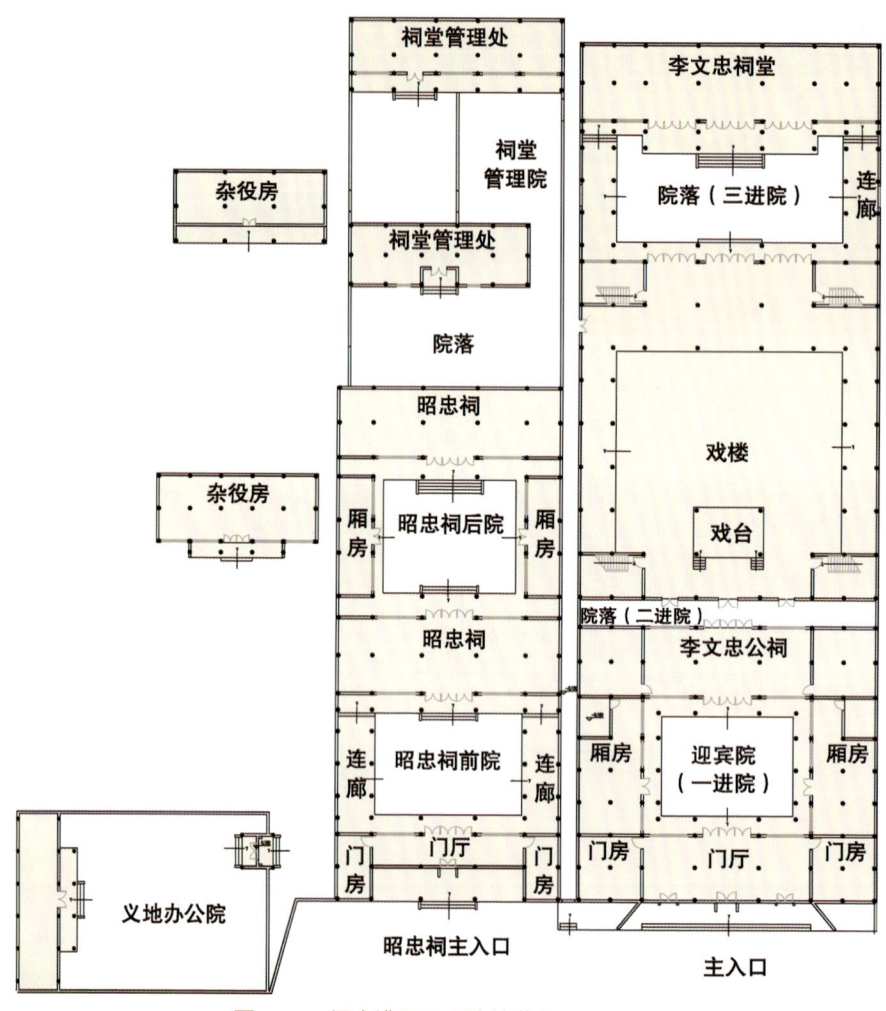

图 4-27　保定淮军公所南边祭祀区平面图

第四章 安徽会馆建筑实例

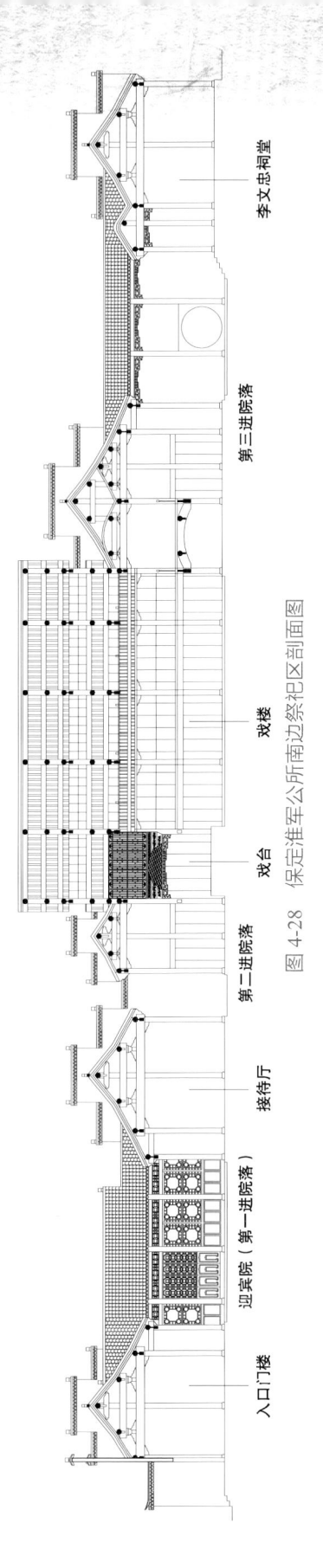

图 4-28 保定淮军公所南边祭祀区剖面图

入口门楼　迎宾院（第一进院落）　接待厅　第二进院落　戏台　戏楼　第三进院落　李文忠祠堂

四、建筑形态

保定淮军公所建设之初，不惜斥巨资从徽州运来大量建筑材料（如砖、瓦、木头等），并聘请徽州工匠，着力打造徽派建筑风格。然而因其规模宏大又地处北方，引起当地人的不满，为达两全，便由北方工匠与南方工匠一同建设，两地工匠各显神通，形成了截然不同的风格。保定淮军公所南边的李文忠公祠和昭忠祠是徽派建筑风格，而北边的淮军公所是北方合院风格，可谓在地性与原乡性结合的典范。

1. 头门：八字入口牌楼

李文忠公祠处于淮军公所建筑群中最核心的位置，其入口也代表了建筑群的形象。一般来说，我国古代重要建筑入口处的牌坊形式共有四种，分别是功德牌坊、标志牌坊、贞节牌坊和家族牌坊，而李文忠公祠的入口牌楼属于功德牌坊。

李文忠公祠入口门楼为三阶三门洞八字牌坊式门楼，以砖砌筑，比建筑主体要高得多，分成上、下两段，比例大约相等，上部形成"凸"字形，有华丽而繁复的砖雕，牌坊上的"敕建李文忠公祠"几个大字用正红色漆；下半部分为三间门洞，中间为主门，一般人都是从两个偏门进入，三个门洞旁分别设有石质门套，门套上亦有雕刻，中间门洞门槛约有30厘米高，两旁有石狮状抱鼓石，左侧曾遭破坏，有明显修复痕迹。牌楼两边伸出八角形砖墙，为深灰色正方形砖块堆砌而成，形成入口平台。高大宏伟的门楼形象与精致的雕刻形式相结合，恰到好处而不显突兀（见图4-29）。

图 4-29 保定淮军公所八字门楼

2. 戏楼：鸡笼造景

位于建筑群轴线正中的建筑为戏楼，为淮军公所内规模最大的建筑，拥有独立的结构体系。戏楼主体建筑跨度约为30米，净高约为14米，占地面积约980平方米，戏台为倒座形式（见图3-16[d]），坐南朝北，东、西两面都有三层看台。戏楼顶部采用西式木桁架结构，主梁长17.8米，重达5吨，是当时华北地区跨度最大的木桁架，为保持结构稳定，立柱上加剪刀撑。北部采用两层船篷轩顶通廊将戏楼与李文忠公祠分割开来，轩顶拱梁雕刻繁复。戏台采用"鸡笼造景"的形式，即藻井井身由16组阳马螺旋向上，顶部逐渐缩小，直径约4.3米，高2.34米，上下共26层，顶部正中雕刻二龙戏珠。藻井用3 800个艺术木构件通过榫卯结构组合而成，不仅造型华丽美观，还具有扩音和聚音的效果，可谓"余音绕梁，三日不绝"（见图4-30、图4-31）。

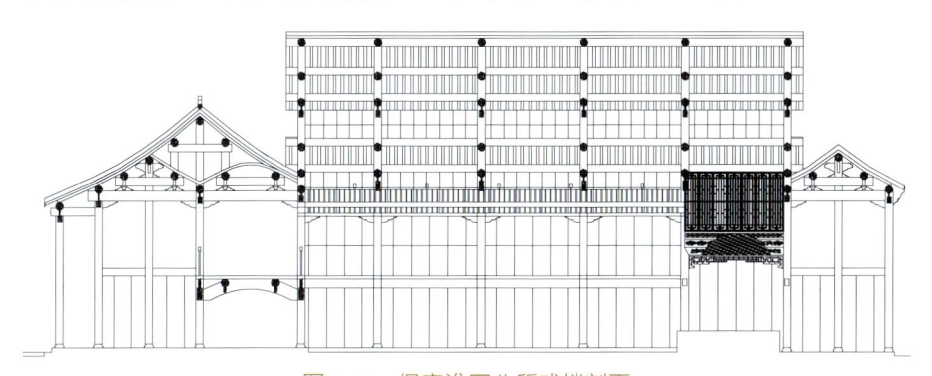

图4-30　保定淮军公所戏楼剖面

（a）　　　　　　　　　　　　　　（b）

图4-31　保定淮军公所戏楼

3. 天井式院落

李文忠公祠中的迎宾院、李文忠祠堂和昭忠祠前院均为天井式院落布局，李文忠祠堂门前有抱厦，以强调入口。与徽州建筑相比，李文忠公祠中的院落尺度更大，地砖的铺设方式也不尽相同，这体现了徽派建筑在北方地区的适应性做法。而北边淮军公所的院落则是依照传统北方四合院的形式建成，屋檐高低错落，各成一体（见图4-32）。

（a） （b）

图4-32 保定淮军公所天井式院落

4. 三岳朝天跌落式马头墙

李文忠公祠和淮军昭忠祠中均有马头墙的设计，多为三岳朝天跌落式马头墙，起到防火、装饰、围合空间等作用。材料以青砖为主，距离地面大约一米的位置用大石块堆积而成，马头墙的边界处采用白色涂料，形成石块—青砖—白条—屋檐四段式分隔，下重上轻，结构稳定，马头墙形式均为印斗式（见图4-33）。

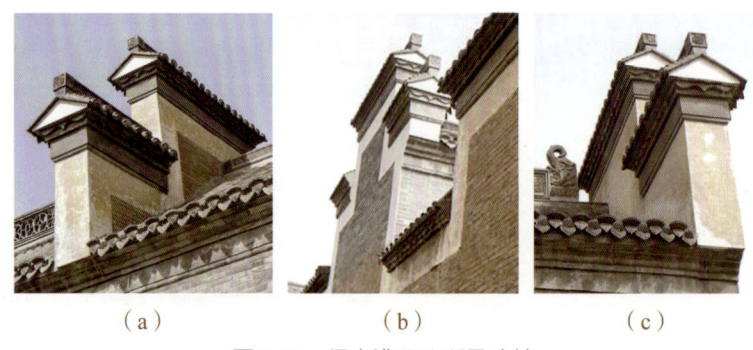

（a） （b） （c）

图4-33 保定淮军公所马头墙

五、建筑构造

保定淮军公所南边祭祀区结构体系符合徽派建筑特征，即建筑外部均用墙体围合，而将木结构藏于室内。已修复完成的中路为七开间，西路为五开间，室内为九架前后廊形式的抬梁式木构架（见图4-34）。

（a）　　　　　　　　　　（b）　　　　　　　　　　（c）

图4-34　保定淮军公所木构架

六、装饰细部

李文忠公祠入口处的抱鼓石以及门头、墙壁、门槛上的石雕有主有次，各不相同，最先展示出徽州工匠的石雕技艺。石质柱础上大下小，也雕有花草图样。

戏楼后院通往东边的垂花门是不可多得的木雕珍品，这座垂花门为镶贴式，位于圆形门洞之上，翼角向上高高翘起，垂脊饰有石狮，两边的雀替为"龙口衔珠"的图样。戏楼雀替上雕刻着石狮，上施色彩鲜艳的涂料，使得石狮造型更加逼真。建筑内部正贴上的梁架多为月梁，满铺花草等雕刻。

淮军公所侧门上的砖雕形式也多种多样，如戏楼南边入口处的砖雕垂花门头样式，四根檐柱贴于墙面，砖雕中的老人、学童神态各异，花草动物也惟妙惟肖，技艺不俗。

北边淮军公所里的装饰省去了繁复的雕刻，在梁架上绘制彩画。内容多为琴棋书画，还有马、羊等动物（见图4-35）。

图 4-35　保定淮军公所装饰形式

淮军公所南北部建筑材料的选择基本一致，都是以青砖墙体搭配木质结构、瓦屋面为主，但是在色彩的选择上稍有不同，南侧建筑檐下有白带，马头墙也是以白条包边，北侧则没有；南边外露的木质材料均被漆成红色，室内和北部淮军公所则是深木色，戏台还有彩绘用以装饰。

后来保定淮军公所曾在特殊时期遭受重创，如迎宾院落里残存的碑刻，就是当时的痕迹。目前这座建筑已被列为保定市重点文物保护单位，南边中路李文忠公祠、西路昭忠祠、北边淮军公所已基本按照原貌修复完成，作为淮军公所博物馆对外展示。

第四节　以仕为主的官绅会馆建筑实例

官绅会馆是由安徽籍官员建立并为其所用的会馆形式，一般为省级会馆，相对来说规模较大、功能配备齐全。本节选取三个典型案例——苏州南显子巷安徽会馆、苏州上塘河安徽会馆和北京安徽会馆进行分析与说明，这三座会馆均由晚清名臣李鸿章倡建。

一、苏州南显子巷安徽会馆

（一）历史沿革

苏州安徽会馆位于南显子巷的惠荫园内。惠荫园始建于明代，初名洽隐山房，为私家花园。历经波折，于乾隆十六年（1751年）重新修葺，后又为苏州知府安徽人倪莲舫所有，更名为皖山别墅。光绪年间，李鸿章继任苏州知府，并在此修建安徽会馆和程忠烈公祠，易名为惠荫园，意为恩惠荫及后人，并将园内范围扩大，重新规划设计园林景观，创作出惠荫八景：松荫眠琴、林屋探奇、屏山听瀑、柳荫系舫、藤崖仺月、石窦收云、荷岸观鱼、棕亭霁雪。同治十一年（1872年），李鸿章在此加建淮军昭忠祠；光绪二年（1876年），增建经商公所，此时为惠荫园的全盛时期，园内既可办公议事、祭祀壮士，又可休闲娱乐、观赏美景。1952年，惠荫园被用作中学，一直保存至今，现改造为苏州第一中学校舍。

（二）平面布局

据记载，惠荫园有洽隐园、程公祠、昭忠祠、安徽会馆、经商公所、皖山别墅等多栋建筑与多处园林景观。除此之外，园中还有一间享堂，正中供奉朱子和包公，为皖南、皖北两地人民提供心灵寄托之所，在全盛时期，共有200多间屋舍，集祭祀、经商、议事、休闲、演艺于一体。

如今，北边尚存一座将军门，对应历史照片中的淮军昭忠祠入口，安徽会馆砖雕门楼雕刻精美，左右两侧次入口分别为"敬梓"和"憩棠"，旁边是皖山别墅入口，将军门正对面有一块砖砌照壁，正中写着"惠荫书院"四个大字，门内有两进院落，坐北朝南。北侧及西侧为师生活动场地，东侧为惠荫书院入口，有一进院落，是之前程公祠的位置。安徽会馆和皖山别墅仅存单栋房屋，皖山别墅对应历史照片中的经商公所。北侧广场后为新建的四层新中式平屋顶教学楼。教学楼北为多栋建筑围合而成的庭院，院内有亭台，院外有水榭，似是保留了洽隐园的格局。

惠荫园整体布局相较于其他安徽会馆来说更为自由灵动，建筑并不严格遵循三路式布局，也并无对称关系，而是与园林景观相结合，按照功能需求布置建筑，这也是安徽会馆中较为新颖的布局模式（见图4-36、图4-37）。

图 4-36　安徽会馆旧照

图 4-37　安徽会馆布局

（三）建筑形态与装饰细部

1. 淮军昭忠祠

淮军昭忠祠殿宇式门楼现为苏州市第一中学主入口，面阔三间，进深方向五架无廊，梁架上有五个装饰性斗拱，中间砌墙开门，门两侧有抱鼓石。屋顶正脊两边砖雕为龙吻式样，屋檐上有木质挂落，墀头上有花草雕刻。

昭忠祠一路现存三栋建筑单体，面阔齐平，中进为仪门，中间通廊，两边有房，进深五檩。后进为功能性用房，采用双勾连硬山式屋顶形式，前窄后宽，南边有廊，作为入口雨檐（见图4-38至图4-40）。

惠荫书院入口墙上开方形门洞和扇形窗洞。经过修缮和改造后的安徽会馆建筑群均为硬山顶，白墙、深灰色瓦屋顶和深木色木结构代表了新中式建筑风格，唯有一些柱础、墙垣、斗拱和屋顶砖雕还保留着古色古香的形式（见图4-41）。

图 4-38　苏州淮军昭忠祠剖面图

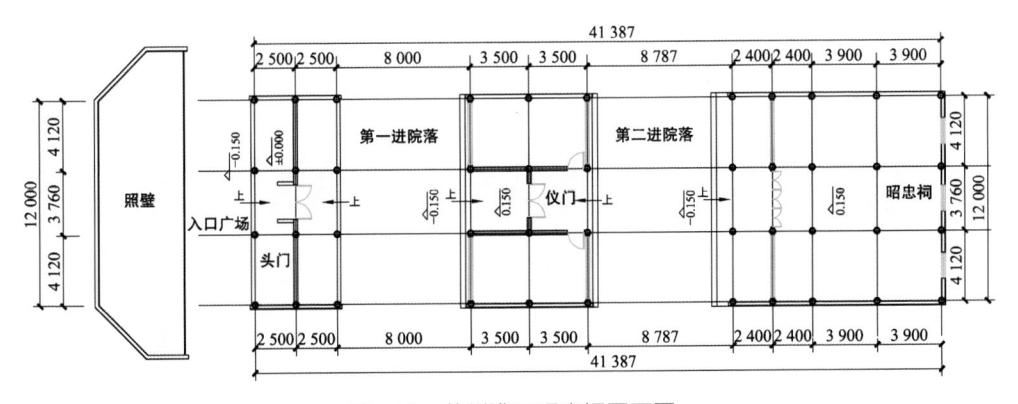

图 4-39　苏州淮军昭忠祠平面图

图 4-40　昭忠祠入口

图 4-41　惠荫书院入口

2. 安徽会馆门楼

安徽会馆门楼是建筑群中保存最完好的一座，为两阶单门洞的八字门楼形式，是典型的字匾门。门楼为垂花门的形式，两侧翼角高高翘起，砖雕精妙绝伦，层次丰富，从上到下依次为鱼吻、束腰脊、门楼戗角、瓦当、斗拱、挂落、垂柱、匾额、下枋、正门。屋檐上雕刻花草，昂两侧也有雕花，匾额刻有"安徽会馆"四个大字（见图4-42、图4-43）。

图 4-42　苏州南显子巷安徽会馆门楼

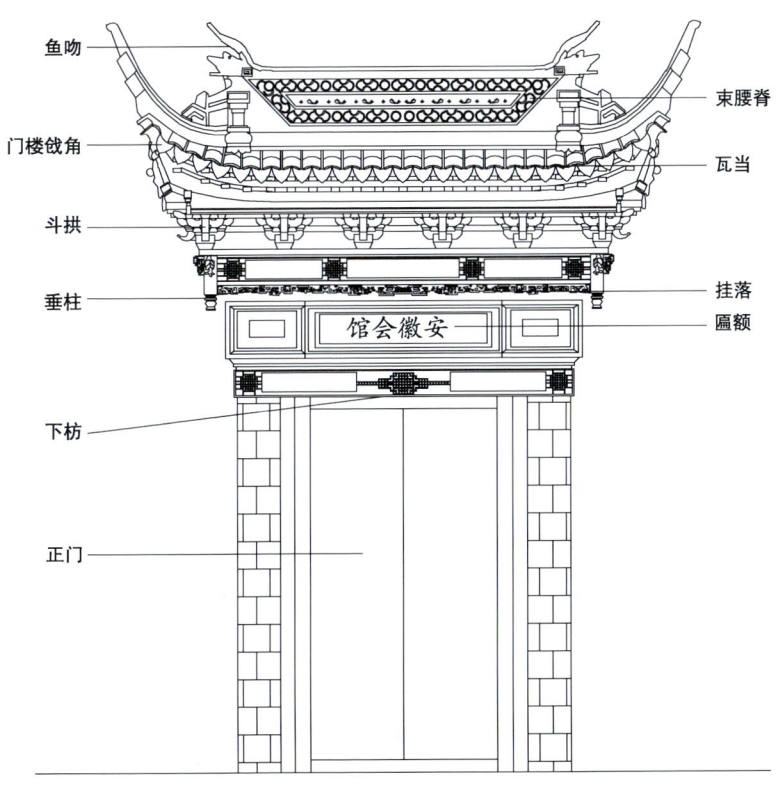

图 4-43　苏州南显子巷安徽会馆立面图

二、苏州上塘河安徽会馆

（一）历史沿革

苏州的另一座安徽会馆建于明末清初，位于上塘河北岸，名为东郭唐，是南显子巷安徽会馆的分馆，以安葬同乡人员为主要功能。后于2005年移建至东边约100米以外，重新利用为安徽商会的办公和活动场地。

苏州城内外共有两座安徽会馆，均为官绅会馆，一座主要作为官员议事的场所，另一座为同乡提供安葬之处，保障了安徽籍同乡人在苏州的各项需求和权益。如今这两座安徽会馆都已被列为江苏省文物保护单位。

（二）平面布局

安徽会馆南临上塘河，西临西环高架，自北边引一条小路步行至南广场及码头，占地760平方米，设停车位6个，阶梯直达水面，东、西、北三面环树，四周皆为高高矗立的马头墙。

建筑呈中轴对称式布局，共三路，中间一路主要为祭祀功能，面阔五间，宽约为17.3米，依次为头门、仪门、大殿。从头门门厅进入迎面是一个天井式庭院，东西廊连接，第二进庭院中间是风雨连廊直通大殿（见图4-44、图4-45）。

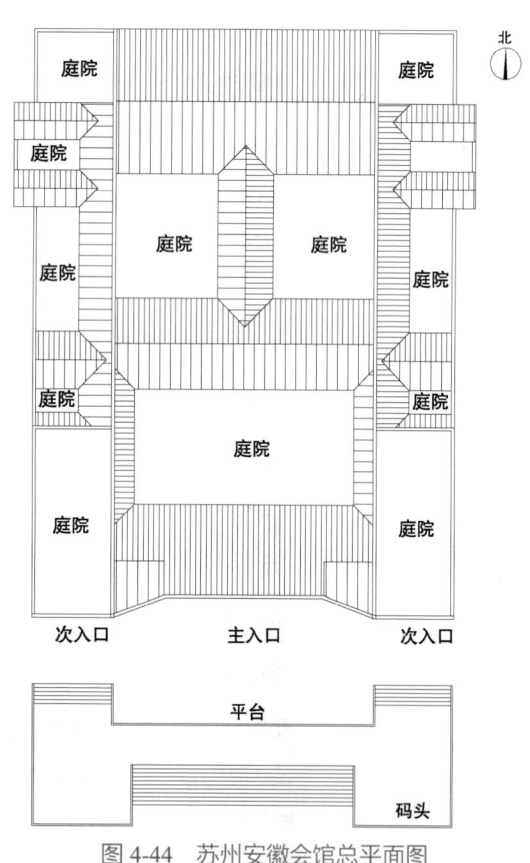

图 4-44　苏州安徽会馆总平面图

图 4-45　苏州安徽会馆平面布局

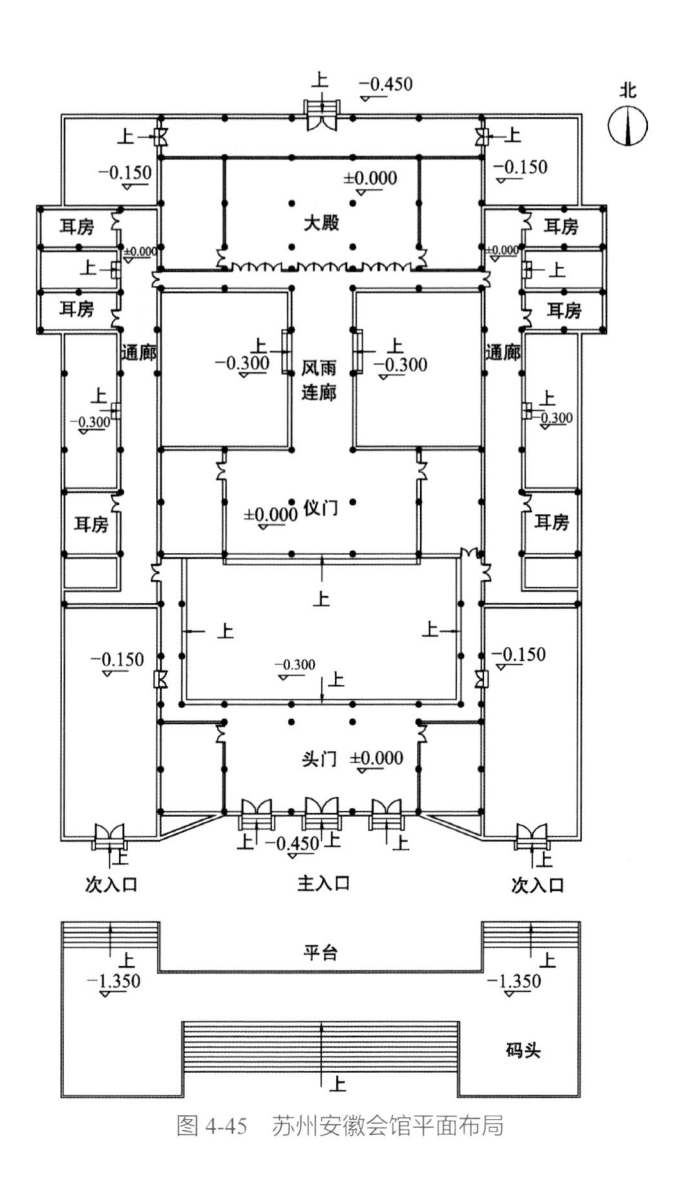

东、西两路为辅助空间，与中路连廊相通，也有单独的流线，可从南广场直接进入。首尾两个庭院，有通廊相连，中间还有四间房屋和三个庭院，名为徽商院、徽商府等，房间与天井式庭院交叉布置（见图4-46）。

安 徽 会 馆

大殿

第二进院落

仪门

第一进院落

头门

入口广场（码头）

图 4-46 苏州安徽会馆剖面图

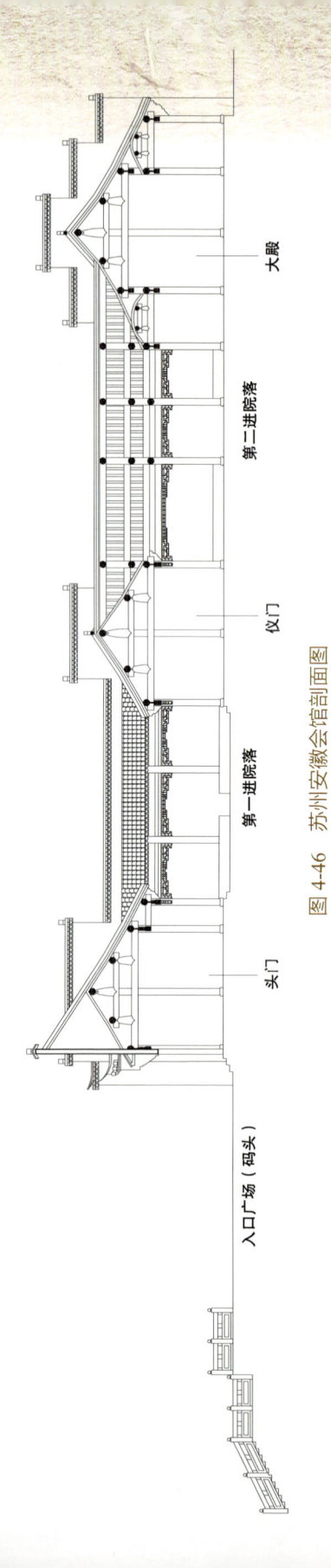

146

（三）单体建筑形态

苏州安徽会馆在移建时尽可能地使用历史建筑材料，苏州工匠也多次赴歙县考察，学习徽州当地技艺，尽力还原苏州安徽会馆历史风貌。

会馆头门可分正门、偏门、侧门三个层次五个门洞，由围墙连成一体。其中正中为八字牌坊式砖雕门楼，外墙高耸，与其后屋顶相连形成单坡、双坡屋顶相结合的形式。三门式门楼镶嵌其中，中间正门上刻有"安徽会馆"四个字，顶部为砖雕屋檐，翼角上的开口龙纹向上翘起，屋檐向外出挑，下有六组人字形斗拱，偏门门洞上方砖雕稍矮于正门，形式相同。入口处各有三级台阶，正门前有一对抱鼓石。东西两路侧门形式较为简单，围墙高度也矮于八字门楼，门洞上砖雕仅有屋檐而无斗拱，下有两根垂花柱，门前仅一级半台阶（见图4-47、图4-48）。

图 4-47　苏州安徽会馆主入口　　　　图 4-48　苏州安徽会馆入口

内部全部采取天井式院落形式，第一进院落为一个完整的天井，第二进为两个相同的三面围合式天井院落，东西两路的通廊为单坡屋顶，与房屋围合形成尺寸较小的天井式院落组合（见图4-49）。

(a)

(b)

图 4-49 苏州安徽会馆天井式院落

大殿外马头墙为五岳朝天式，其余均为三岳朝天式，所有的马头墙连成一体，建筑内部密不透风，形成完美的防御机制。中路四周墙体较高，东西两路较低，使建筑主次分明（见图4-50）。

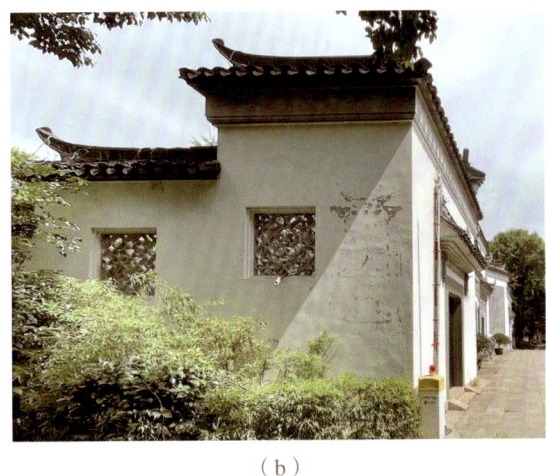

（a） （b）

图 4-50　苏州安徽会馆马头墙

（四）建筑构造

苏州安徽会馆建筑均为木结构，头门为六架后檐廊，仪门五架有中柱，两级台阶高度，风雨连廊为五架无廊式木结构。大殿最为豪华，进深六檩约11米，七架前后廊，扁作梁架，前为鹤颈轩，后为船篷轩（见图4-51）。

（a）风雨连廊　　　　　　（b）船篷轩　　　　　　（c）鹤颈轩

图 4-51　苏州安徽会馆木构架

149

（五）装饰细部

苏州安徽会馆为典型徽派建筑形式，砖雕内容多为植物、动物，而门窗洞口、屋顶装饰等也颇有讲究。如马头墙上的漏窗多为方孔，用瓦、薄砖等构成不同的几何纹样；屋顶滴水呈倒三角形，上刻"寿"字纹（见图4-52、图4-53）。

图 4-52　苏州安徽会馆雕刻细部　　　　图 4-53　苏州安徽会馆屋顶滴水

三、北京安徽会馆

（一）历史沿革

清末，北京虽有大大小小的安徽籍同乡会馆，却无较大规模的省级安徽会馆，在举办大型活动之时还需借用其他场馆。因此，北京的安徽籍官绅萌生了建设安徽省级会馆的念头。

（二）选址分析

北京安徽会馆代表安徽的形象并承担举办活动的职责，因此选址极为重要。位于梁家桥以北、章家桥以西的孙承泽故居曾是明末清初鸿儒谈笑风生、各抒己见之地，又名"孙公园"，园内绿树成荫、花团锦簇，亭台水榭错落有致,研山堂、万卷楼、戏楼等建筑气势不凡。同治八年(1869年),北京安徽会馆正式动工,并在两年后建成,具体地址位于后孙公园胡同3号、25号和27号(见前图2-4)。

(三)平面布局

据记载,安徽会馆建成之时规模宏大,蔚为壮观,被称为"京师第一会馆",建筑整体坐北朝南,分为三路,中为夹道,正门位于中路南边(见图4-54)。

图 4-54　北京安徽会馆还原效果图

中路为承办活动、商议事宜、祭祀先贤以及娱乐休闲的场所,规模较大,共四进院落,依次分布入口门楼、文聚堂、戏楼、神楼、碧玲珑馆及建筑后的园林景观。神楼之上有朱子、闵子、文昌帝君和关圣帝君等人的神像。

东路为先贤祠堂,第一进为龙神土地祠;第二进为奎光阁,供奉掌管科举的魁星神像,后廊前立有《新建安徽会馆碑记》,除此之外,还有四块刻有会馆捐资人员姓名的石碑;第三进是思敬堂,高两层,面阔五间,左右厢房各有三间;第四进为龙光燕誉堂。东路还设有箭亭,可练习剑法。

西路为生活辅助用房,主要提供住宿与生活功能,每一进有对厅5间、东、西各3间房屋,共有39间。会馆北面设置园林,面积1 300余平方米,其中有半亩塘、子山亭等景观,美不胜收(见图4-55)。

图 4-55　北京安徽会馆总平面图

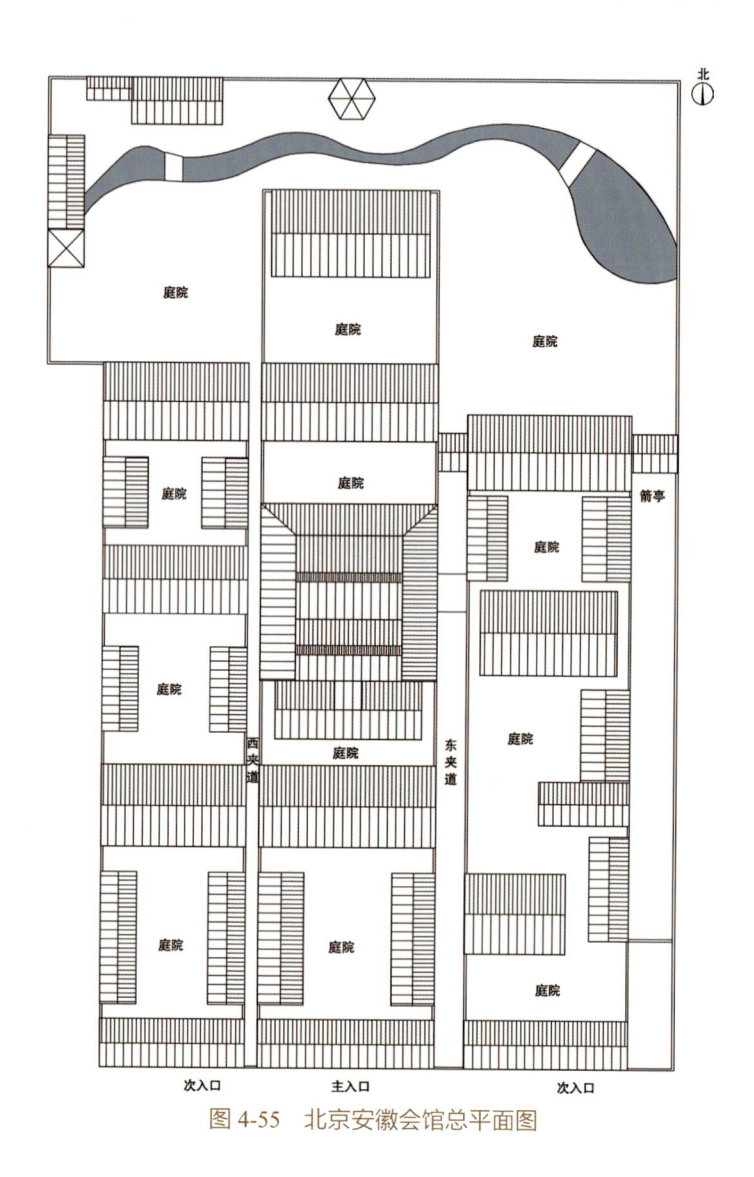

（四）建筑形态与构造

如今，安徽会馆中路建筑已按旧制修复大半，仅剩下南大门与文聚堂前东西厢房未修复完成。东西两路的居民也已迁出，亟待整修。入口暂设于北面庭院如意门，自北向南依次为碧玲珑馆、梨园（原神楼位置）、戏楼、文聚堂（见图4-56、图4-57）。

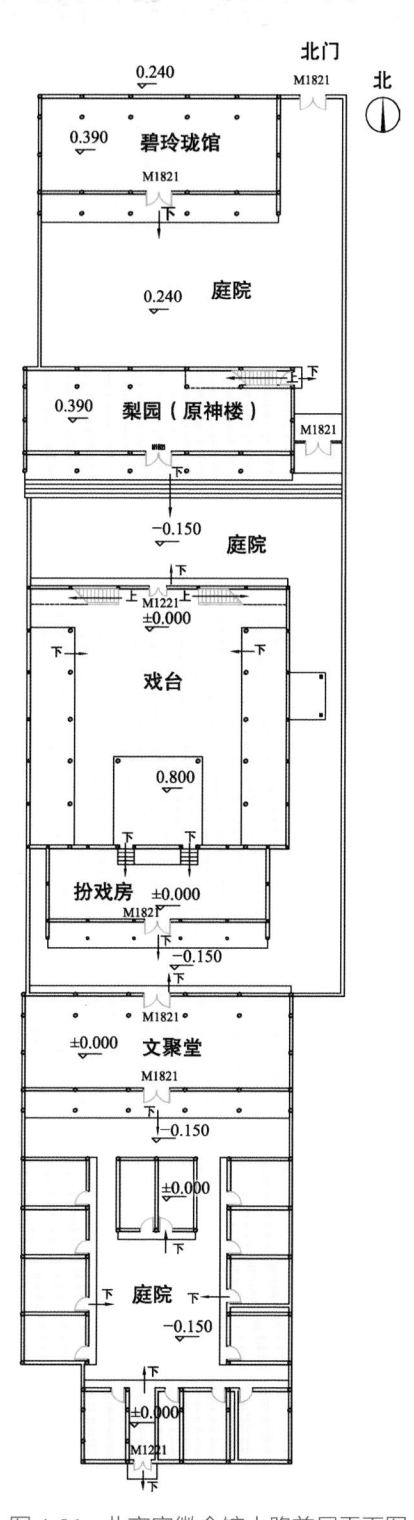

图 4-56　北京安徽会馆中路首层平面图

安 | 徽 | 会 | 馆

图 4-57 北京安徽会馆中路剖面图

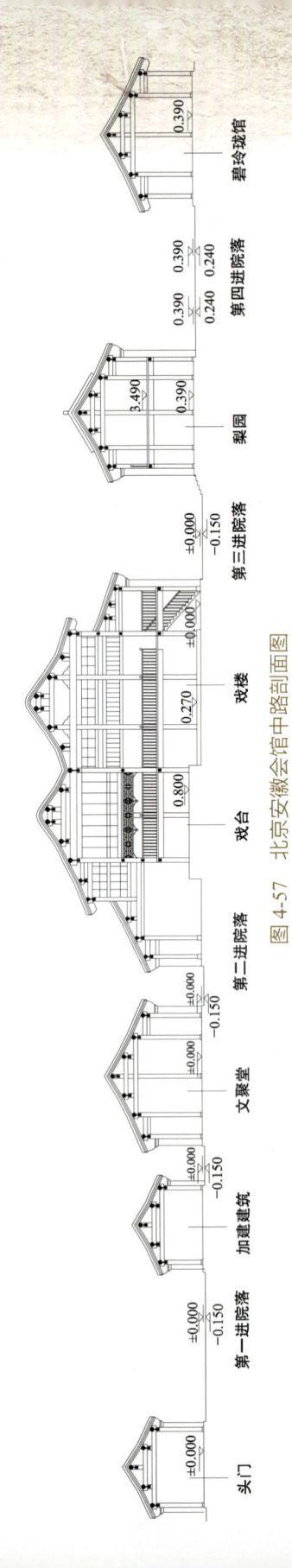

头门 第一进院落 加建建筑 文聚堂 第二进院落 戏台 戏楼 第三进院落 梨园 第四进院落 碧玲珑馆

154

1. 碧玲珑馆

原碧玲珑馆的位置现用作安徽会馆模型、历史事件以及与其有关的安徽名人生平展览。碧玲珑馆为单层悬山顶建筑，面阔五开间，面宽16.5米，中间一开间设四扇门，其余在0.8米砖墙以上设窗，进深七架前后廊，约7.9米，室内地坪抬高一级台阶150毫米，屋顶坡度较为平缓，建筑形式较简单，无多余装饰（见图4-58至图4-60）。

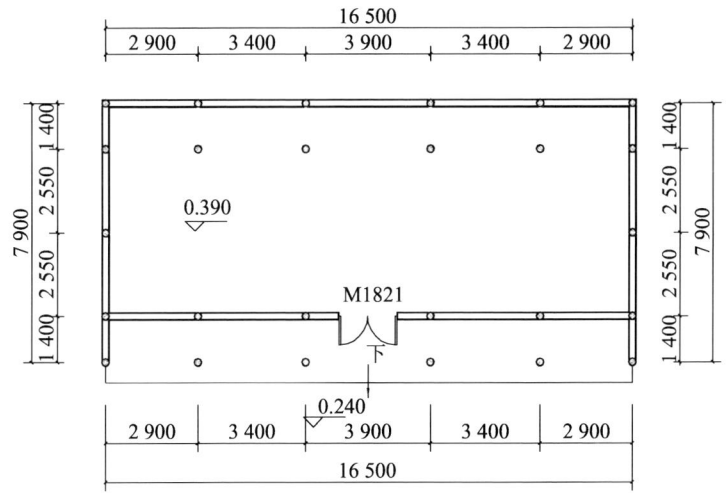

图 4-58　碧玲珑馆平面图

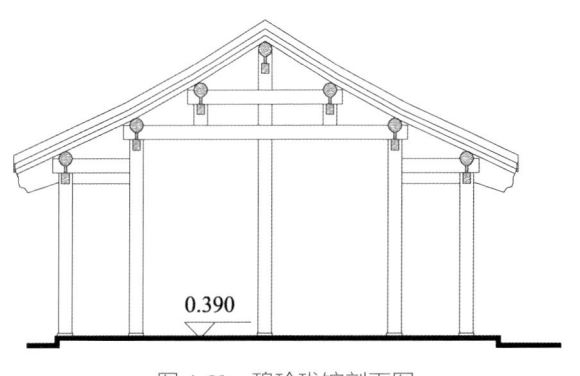

图 4-59　碧玲珑馆剖面图

（a） （b）

图 4-60　碧玲珑馆

2. 梨园（原神楼）

梨园共两层，原为供奉神灵的神楼，现用作安徽会馆办公场地。屋顶形式为硬山顶，面阔五开间，面宽18.5米，进深七架前后廊，约6.9米，室内地坪抬高五级台阶，共540毫米，出檐约为0.8米。直跑楼梯位于北边侧门，二层外有平台，可观戏楼之景。

梨园是除戏楼外等级最高，也是装饰最为华丽的建筑。梨园南立面在檩、坊、柱头、挂落、椽子、栏杆等处均使用蓝、绿、红、白、黄等鲜明的颜色施以彩绘，彩绘内容多为花草、祥云等。屋面正脊处有鸱吻，垂脊处有垂兽（见图4-61至图4-63）。

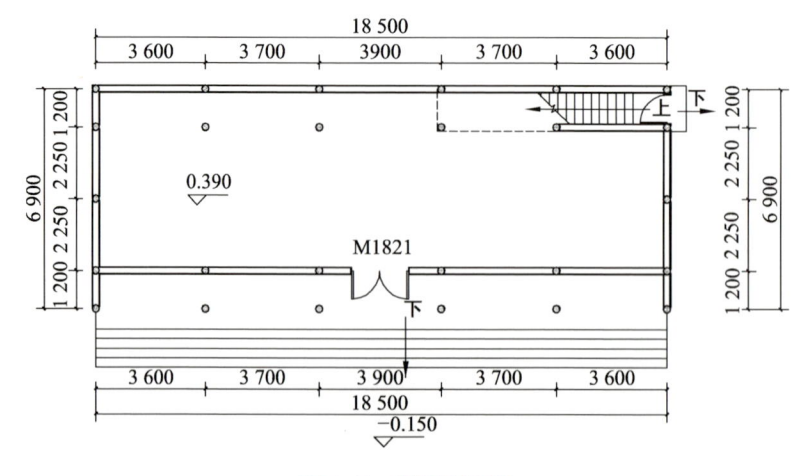

图 4-61　梨园平面图

图 4-62　梨园剖面图

（a）　　　　　　　　　（b）　　　　　　　　　（c）

图 4-63　梨园

3. 戏楼

戏楼是安徽会馆内规模最大、等级最高的建筑，建筑屋顶由两个连续的卷棚顶构成，分别为八架和六架卷棚，高11米、10.3米，戏楼厅内无柱，悬山式屋顶。

戏台位于戏楼南侧，东、西、北三面为楼座，南、北、东各开一门，上二层座席的楼梯位于北门两侧。戏台高0.8米，长宽均为6.2米，四角各设立柱一根，戏台正中题写"清时钟鼓"，左右两边分别写有"出将""入相"。戏台上设藻井，藻井上有方格式的彩绘，正中有八角形的洞口，有聚声、收声之效果。戏台四边有"寿"字纹木雕，用金色与蓝色装饰。戏台后接扮戏房，扮戏房上开设天窗，采光充足（见图4-64至图4-66）。

安|徽|会|馆

图 4-64　北京安徽会馆戏楼剖面

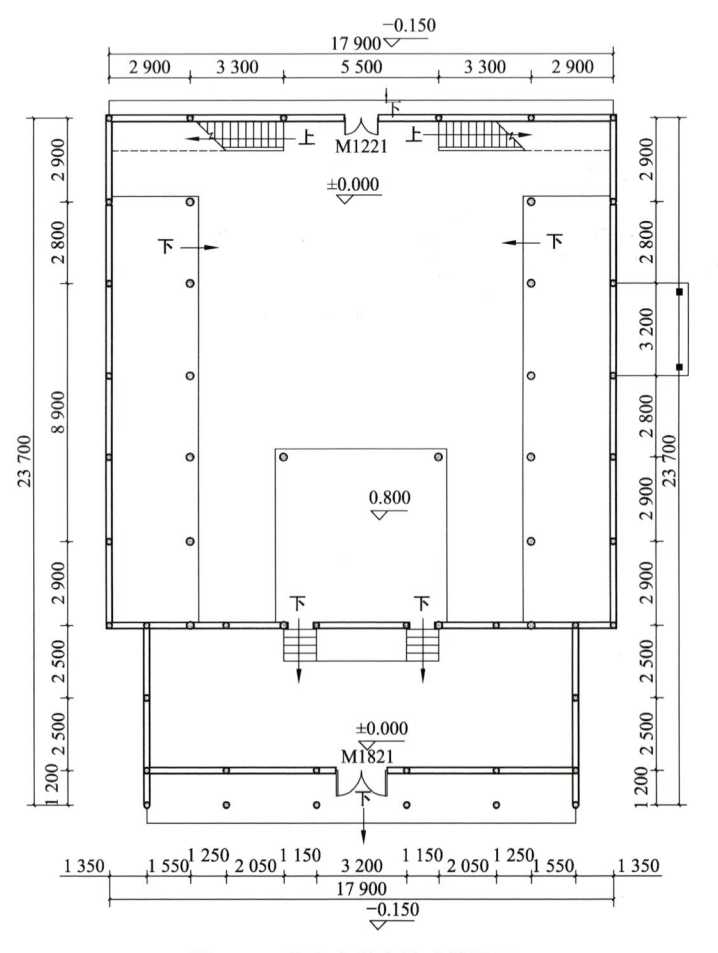

图 4-65　北京安徽会馆戏楼平面

（a）

（b）

图 4-66 安徽会馆戏楼

4. 文聚堂

文聚堂为正门后的第一进建筑，主要用于展示科举考试优异者姓名，内部原本悬挂多座匾额，现为多功能用房。文聚堂面阔五开间，进深方向为七檩前后廊木构架，硬山式屋顶，灰筒瓦屋面（见图4-67至图4-69）。

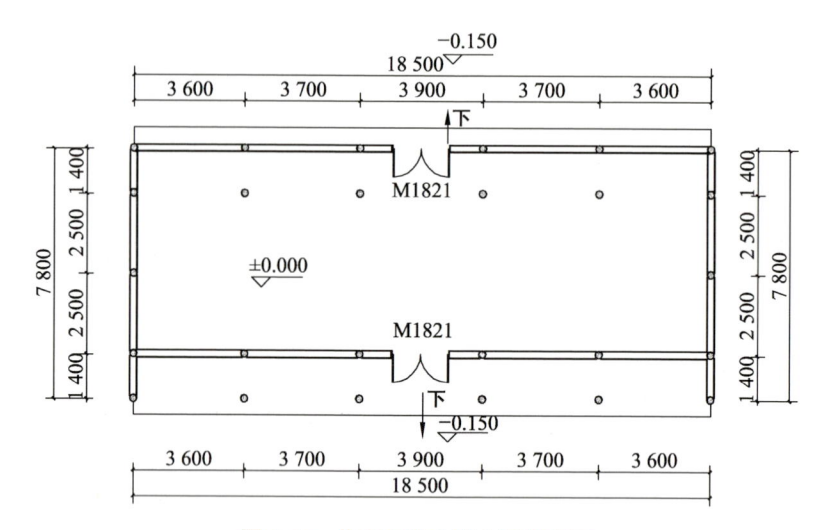

图 4-67　北京安徽会馆文聚堂平面

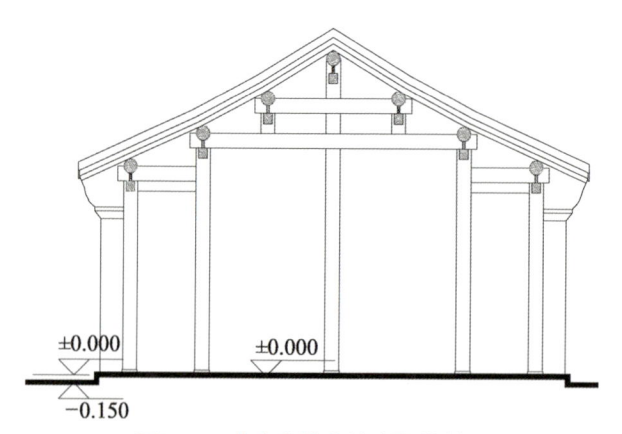

图 4-68　北京安徽会馆文聚堂剖面

（a）　　　　　　　　　　　　　（b）

图 4-69　安徽会馆文聚堂

（五）材料选择与装饰细部

受到北方官式建筑影响，北京安徽会馆在取材、用料上都遵循当地建筑特色。屋顶采用浅灰色筒瓦屋顶，屋顶的坡度也较为平缓，结构柱与装饰木质材料区分明显，分别涂成黑色与正红色。戏楼内部的栏杆扶手和屋顶椽子装饰为深绿色，与鲜红的木构架形成鲜明对比；梨园的上下两层额坊、雀替、栏杆扶手均用鲜艳的颜色绘制彩绘，五开间的彩绘内容各不相同，题材多为山水花木等自然风光，屋脊处用砖雕刻成龙首鱼身纹样（见图4-70）。

（a）　　　　　　　　　　（b）

图 4-70　安徽会馆装饰艺术

北京安徽会馆建筑形式的在地性表达较为显著，与几百米外的湖广会馆建筑形式颇为类似，也显示出其地理位置的特殊性。利用鲜明的色彩区分屋顶、墙体、结构柱与装饰细部，是为了体现结构的美。这与南方安徽会馆更习惯于保留材料原本的色彩、注重细部雕刻与装饰等特色产生鲜明对比。

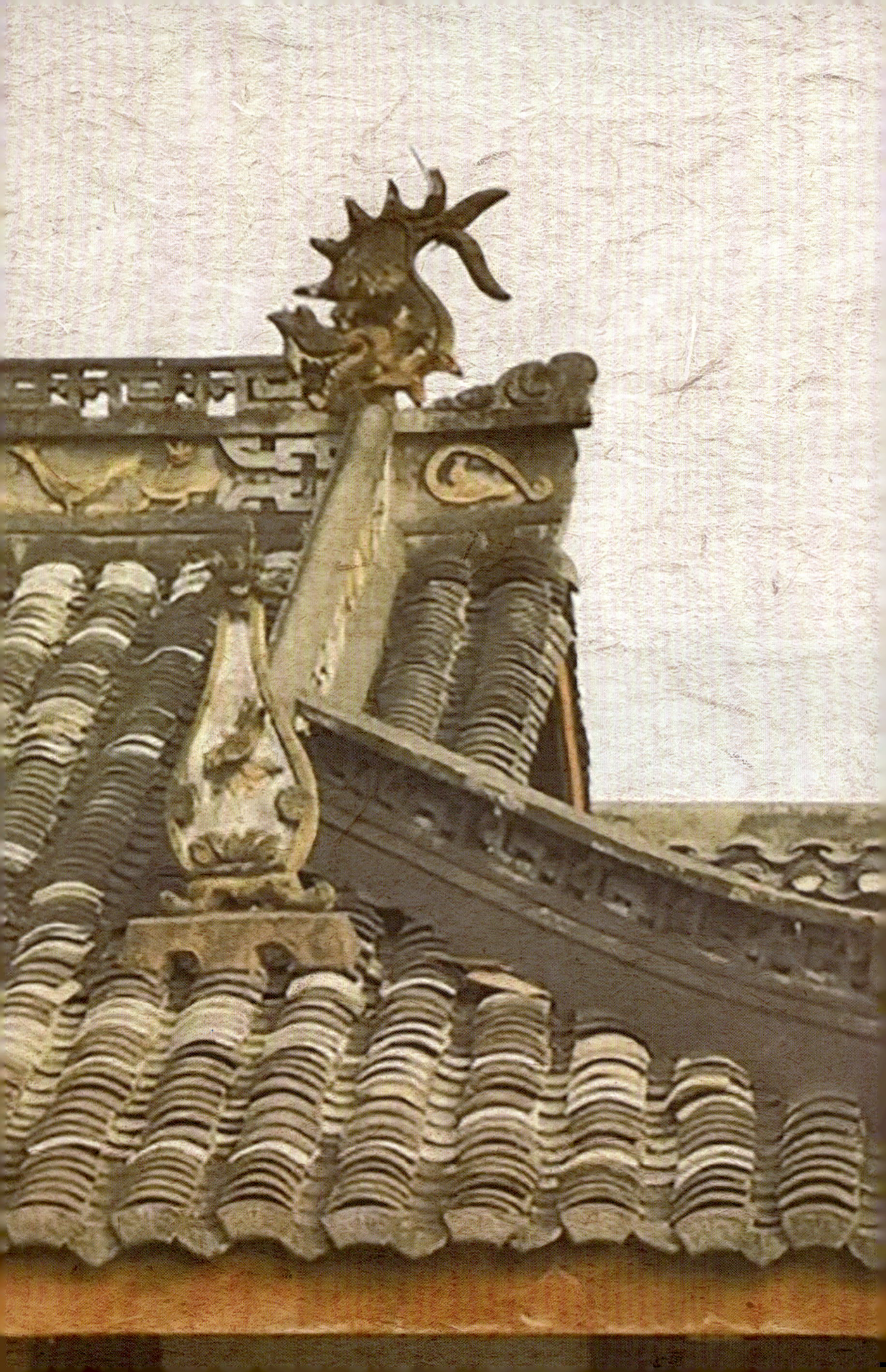

第五章 安徽会馆的现状与当代价值

第一节　安徽会馆现存情况概析

据作者统计，现存安徽会馆中有3座国家级、6座省级、7座市级和5座区县级文物保护单位（见表5-1）。还有一些安徽会馆散落在城市之中，并未被纳入文物保护单位，作者在查阅历史资料或者询问当地老人时才得知，如位于南京小王府巷的安徽会馆，未被列入文物保护单位，且结构早已随意改动，现因北边发现朱元璋的菜地而用作工人生活用房（见图5-1）。还有一些安徽会馆虽被纳入文物保护单位却归私人所有，外部结构主体未动，内部根据居民需要进行改造和修缮，如扬州小流芳巷徽州会馆、扬州盐务会馆、扬州旌德会馆等（见图5-2）。而已被修复的大型安徽会馆也面临着如何再利用的问题，如保定淮军公所、北京安徽会馆等（见图5-3、图5-4）。

表 5-1　安徽会馆文物保护单位整理

国家级文物保护单位	省级文物保护单位	市级文物保护单位	区县级文物保护单位
北京安徽会馆 保定淮军公所 曲靖江南会馆	苏州南显子巷安徽会馆 苏州上塘河安徽会馆 衢州徽州会馆 天津周公祠 上饶河口商铺会馆 亳州市古泒公所	扬州四岸公所 扬州场盐公所 扬州盐务会馆 扬州旌德会馆 扬州小流芳巷徽州会馆 南京泾县会馆 南宁安徽会馆	北京安徽泾县会馆 北京旌德会馆 北京芜湖会馆 淮安新安会馆 合肥旌德会馆

图 5-1　南京小王府巷安徽会馆

图 5-2　扬州旌德会馆

图 5-3 保定淮军公所内部

图 5-4 北京安徽会馆内部

第二节　安徽会馆的当代价值与保护思考

　　安徽会馆是明清乃至近代中国复杂跌宕的变迁历程的历史载体和珍贵遗存，通过对会馆的研究，可以深入了解当时的社会、政治、经济和文化状况，为学术研究提供宝贵资料。安徽会馆建筑遗存具有不可估量的价值，主要体现在文化价值、艺术价值、研究价值、社会价值、经济价值、建筑价值等，如何对其进行保护和再利用是一个值得深思的问题。对此作者有以下几点总结与思考：

一、梳理安徽会馆名录及其现状

　　目前有很多安徽会馆散落于大街小巷中，并未被人们所知，应根据历史记载进行田野调查，并对徽商曾频繁活动的区域范围内的老人进行询问，以了解更多安徽会馆相关资料，并记录成册。

二、运用现代智能手段对安徽会馆进行模型复原

　　因人力、物力等多重因素影响，所有安徽会馆均得到保护与修复并不现实，因此相关专业人员应当根据历史文献及照片中展现的资料、运用现代化手段对安徽会馆建筑模型进行复原，通过建立数字博物馆、开发虚拟现实体验项目等方式，让公众在虚拟空间中感受会馆的历史文化和艺术魅力，以将安徽会馆历史资料以更直观有效的方式保存于世，并对安徽会馆复原提供技术支持。

三、专业人士对安徽会馆建筑进行合理保护与修缮

　　现存安徽会馆建筑的普遍问题是建筑外观保存较好，内部则较为破败，

建筑原始的木结构经过腐蚀而摇摇欲坠。这些具有价值的建筑应由有关部门划为文物保护单位，再由专业人士进行合理修缮，以还原其面貌。

四、与周边景点和街区形成联动效应，打造文化旅游品牌，增强爱国意识

修缮后的安徽会馆作为珍贵的建筑遗产需要被赋予与当代社会相适应的功能。例如，北京安徽会馆作为京剧发祥地的文化地标，其戏楼曾是北京四大戏楼之一，具有深厚的戏曲文化底蕴。在当代，北京安徽会馆可以被打造成戏曲文化艺术展示、教育、体验中心，通过举办演出、教学培训和文化交流活动，传承和弘扬中华优秀传统文化；安徽会馆也可以作为爱国主义教育基地，通过展示历史文物和举办相关活动，增强公众的历史意识和爱国情怀。

通过合理开发和利用会馆资源，安徽会馆还可以与周边景点和街区形成联动效应，成为文化旅游品牌，提升区域整体形象和竞争力，推动当地文化旅游产业的发展，促进经济繁荣。

第三节　安徽会馆研究展望

目前有许多省份的会馆研究深度已经远远超越安徽会馆，其实无论是从经济实力还是从商人数量来说，安徽商人都是数一数二的，其建立的会馆亦颇具研究价值，安徽会馆研究应该得到重视。

作者依据所查阅到的相关资料，从产生、分类、分布和建筑形态等方面对安徽会馆进行了整体的分析，但是这些内容仅为冰山一角，安徽会馆研究博大精深，在此提出几点展望。

一、形成安徽会馆多层次分类体系

作者在文中提出以功能性质、等级等为切入点对安徽会馆进行分类，仅为安徽会馆的两种分类方式，还可以进行建设时间、建设空间、规模大小、社会关系等方面的分类比较研究。通过建立多层次的分类体系，可以形成对安徽会馆更加细致和全面的认识，同时也便于进行横向对比研究，从而更深入地探讨安徽会馆的作用和意义。这种分类研究不仅有助于历史学者，也对文化遗产保护、旅游开发等具有重要价值。

二、形成多学科融合下的安徽会馆研究

本书仅从建筑学视角，提供安徽会馆的物质形态和空间布局的分析，还可以进行多学科融合下的安徽会馆研究，与历史、经济、社会、哲学等多学科专业人士进行交流，从不同角度解读会馆的历史背景、社会功能、经济作用以及文化意义。通过多学科的融合，可以形成一个更加全面和立体的安徽会馆研究框架，这不仅有助于学术研究，也对文化遗产保护和利用具有重要意义。

三、将研究成果运用于实践当中

作者在调研时发现，一些安徽会馆在被列入文物保护单位之前就已经被当地居民随意改造，原本具有地方特色的珍贵特征也荡然无存，深感惋惜。文化遗产的保护需要社会各界的共同努力，包括政府、专业人士、当地社区和公众。通过教育和宣传，提高公众对文化遗产价值的认识，以及通过立法和政策保护，确保有价值的建筑得到妥善保护和合理利用，多方参与、同心协力，才能够实现真正意义上对安徽会馆建筑的保护与修缮。

并非所有历史建筑都具备同等的保护价值，但那些具有独特历史意

义、文化价值、建筑美学或科学研究价值的珍贵历史建筑遗迹，确实值得被重视、保护和展示给公众。这些有价值的历史建筑不仅是过去时代的见证，而且是文化传承的重要载体。它们承载着丰富的历史信息，反映了特定时期的社会风貌、文化传统、技术发展等多个方面的特征。通过对这些建筑的保护和展示，我们可以让后人更加直观地了解历史，感受文化的魅力，增强民族自豪感和文化认同感。

同时，保护这些有价值的历史建筑也是促进城市可持续发展的需要。在快速城市化的进程中，许多历史建筑面临着被拆除或改造的命运。如果这些具有历史和文化价值的建筑得不到妥善保护，城市的文化底蕴和历史记忆将逐渐消失，城市的特色和个性也将逐渐丧失。因此，保护这些有价值的历史建筑对于维护城市的文化生态、促进城市的可持续发展具有重要意义。

在保护过程中，我们需要综合考虑多种因素，包括建筑的历史价值、文化价值、建筑美学价值以及现实利用价值等，还需要制定科学合理的保护规划和措施，确保建筑在得到妥善修缮和维护的同时满足现代社会的使用需求。此外，加强公众教育和宣传也是保护历史建筑的重要手段之一，通过提高公众对历史文化的认识和尊重，形成全社会共同参与历史建筑保护的良好氛围。

总之，有价值的、珍贵的历史建筑遗迹值得被看到、被保护、被传承。我们应该以高度的责任感和使命感来对待这些历史文化遗产，为后人留下宝贵的文化财富。

参考文献

著作：

[1] 北京市宣武区档案馆，编，王灿炽，纂．北京安徽会馆志稿[M]．北京：北京燕山出版社，2001．

[2] 陶晋英，等撰．楚书·楚史梼杌·湖北金石诗·紫阳书院书略[M]．武汉：湖北教育出版社，2002．

[3] 王日根．中国会馆史[M]．上海：东方出版中心，2007．

[4] 潘谷西．中国建筑史[M]．北京：中国建筑工业出版社，2009．

[5] 施璜，编，陈聊，胡中生，点校．紫阳书院志[M]．合肥：黄山书社，2010．

[6] 赵逵．"湖广填四川"移民通道上的会馆研究[M]．南京：东南大学出版社，2012．

[7] 陈薇．走在运河线上：大运河沿线历史城市与建筑研究[M]．北京：中国建筑工业出版社，2013．

[8] 王志远．长江流域的商帮会馆[M]．武汉：长江出版社，2015．

[9] 赵逵，邵岚．山陕会馆与关帝庙[M]．上海：东方出版中心，2015．

[10] 李琳琦，梁仁志，整理．徽商会馆公所征信录汇编[M]．北京：人民出版社，2016．

[11] 何炳棣．中国会馆史论[M]．北京：中华书局，2017．

[12] 赵逵，白梅．天后宫与福建会馆[M]．南京：东南大学出版社，2019．

[13] 东亚同文会．支那省别全志：第九卷·湖北省[M]．上海：东亚同文会，1918．

[14] 仁井田陞．中國の社會とギルド[M]．東京：岩波書店，1951．

[15] 太平洋協会．支那社會組織の單位としての幇·同郷會．同業公會について：上海を中心として[M]．[出版地不详]太平洋協會調查局，1944．

[16] LIU Kwang-Ching. Chinese merchant guilds: an historical inquiry[M]. Berkeley: University of California Press, 1988.

学位论文：

[1] 王月疏．明清徽商在长江中下游的经营活动研究[D]．西安：陕西师范大学，2017．

[2] 马寅集．徽州古道文化线路研究[D]．合肥：安徽医科大学，2012．

[3] 陈挚．明清徽州会馆研究[D]．武汉：华中师范大学，2014．

[4] 魏艳伟．关于明清时期宁国商人的几个问题[D]．昆明：云南大学，2016．

[5] 邓雄．汉口紫阳书院研究[D]．长沙：湖南大学，2005．

[6] 程家璇．江右商帮文化视野下的万寿宫与江西会馆的传承演变研究[D]．武汉：华中科技大学，2019．

[7] 白梅．妈祖文化传播视野下的天后宫与福建会馆的传承与演变研究[D]．武汉：华中科技大学，2018．

[8] 党一鸣．移民文化视野下禹王宫与湖广会馆的传承演变[D]．武汉：华中科技大学，2018．

[9] 邵岚．山陕会馆的传承与演变研究：从关帝庙到山陕会馆的文化视角[D]．武汉：华中科技大学，2013．

[10] 赵胤杰．武汉三镇会馆建筑研究[D]．武汉：华中科技大学，2021．

[11] 邢寓．粤商文化传播视野下的广东会馆建筑研究[D]．武汉：华中科技大学，2021．

[12] 王筱杭．商贸通道视野下的汉水流域会馆建筑研究[D]．武汉：华中科技大学，2021．

[13] 李创．万里茶道文化线路上的山陕会馆建筑研究[D]．武汉：华中科技大学，2021．

[14] 向雨航．湘桂走廊视野下的会馆建筑研究[D]．武汉：华中科技大学，2021．

期刊论文：

[1] 雷若欣．地域文化传播中的文化认同：基于对徽杭古道的考察[J]．绍兴文理学院学报（哲学社会科学），2015，35（4）：112-116．

[2] 周洋，陈琪．徽州古道的现状调查及价值研究[J]．黄山学院学报，2016，18（4）：6-10．

[3] 张亮．徽州古道的概念、内涵及文化遗产价值[J]．中华文化论坛，2015（9）：37-43，192．

[4] 程克文．北京歙县会馆旧址寻觅录[J]．安徽史学，1991（1）：82．

[5] 方利山．徽商会馆祀朱子释义[J]．朱子学刊，2009（1）：425-432．

[6] 张扬．苏州安徽会馆[J]．江淮文史，2006（4）：155-162．

[7] 陆耀祖．苏州市级文物保护工程明清安徽会馆移建修复小记[J]．建筑与文化，2006（6）：32-35．

[8] 刘家富．近代旅沪徽商的"乡土之链"：徽宁会馆述论[J]．江苏社会科学，2010（3）：222-228．

[9] 沈旸．明清时期天津的会馆与天津城[J]．华中建筑，2006（11）：102-107．

[10] 沈旸．扬州会馆录[J]．文物建筑，2008（1）：27-42．

[11] 沈旸．明清苏州的会馆与苏州城[J]．建筑史，2005（1）：157-171．

[12] 沈旸. 明清南京的会馆与南京城[J]. 建筑师, 2007（4）: 68-79.

[13] 柳淑巧. 论淮军公所的建筑风格[J]. 门窗, 2012（8）: 85-87.

[14] 陈文兴, 张富利. 文化生态视域下的精英流动与非物质文化遗产保护研究[J]. 广州大学学报（社会科学版）, 2017, 16（8）: 90-96.

[15] 诸葛丽. 非物质文化遗产保护现状探究[J]. 遗产与保护研究, 2018, 3（1）: 76-77.

[16] 李朝阳, 陈亮州, 王莹, 等. 非物质文化遗产保护与开发策略研究：以甘肃庆阳香包为例[J]. 廊坊师范学院学报（社会科学版）, 2017, 33（3）: 90-96.

[17] 李刚, 宋伦, 高薇. 论明清工商会馆的市场化进程：以山陕会馆为例[J]. 兰州商学院学报, 2002（6）: 73-76.

[18] 许檀. 商人会馆碑刻资料及其价值[J]. 天津师范大学学报（社会科学版）, 2013（3）: 15-19.

[19] 王日根. 晚清至民国时期会馆演进的多维趋向[J]. 厦门大学学报（哲学社会科学版）, 2004, 54（2）: 79-86.

[20] 赵鹏, 李刚. 明清时期工商会馆"庙、馆、市"合一新探：以山陕会馆为例[J]. 陕西师范大学学报（哲学社会科学版）, 2014, 43（2）: 137-142.

[21] 刘泳斯. 地缘和血缘之间：祖神与"会馆"模式祠堂的建构[J]. 中央民族大学学报（哲学社会科学版）, 2010, 37（1）: 82-87.

[22] 罗淑宇. 清代会馆的行规业律与商品经济的繁荣[J]. 经济研究导刊, 2010（5）: 241-243.

[23] CATHERINE A MCMAHON, ANNE-MARIE MAXWELL. Commentary on guild et al.(2020): the importance of well-designed intervention studies for advancing attachment theory and its clinical applications[J]. Research on Child and Adolescent Psychopathology, 2020(prepublish).

[24] SUN Kekui. Study on the inheritance and protection mechanism of Huizhou

cuisine from the perspective of non-heritage[C]//Institute of Management Science and Industrial Engineering.Proceedings of 2019 6th Asia-Pacific Conference on Social Sciences, Humanities(APSSH 2019). Institute of Management Science and Industrial Engineering (Computer Science and Electronic Technology International Society), 2019.

[25] YANG Qiang, SHEN Yachen. Inspiration brought by "Huizhou merchants" on China's Modern family business inheritance[C]// Proceedings of 2016 International Conference on Education, Sports, Arts and Management Engineering(ICESAME 2016). (Computer Science and Electronic Technology International Society), 2016.

[26] 박원호. 明清時代 徽州商人과宗族組織[J]. 명청사연구, 1998（9）：1-18.

[27] 重田，德. 清代徽州商人の一面（歷史學特輯号）[J]. 人文研究, 1968（19）.

[28] 田仲一成. 清代の会館演劇について[J]. 東洋文化研究所紀要, 1981（86）：403-466.

附录

附录一　历史上中国建立的安徽会馆总表[①]

城市	会馆名称	具体位置	建设时间	资料来源
北京市（40座）	安徽会馆	北京市西城区椿树街道后孙公园胡同3号、25号、27号	同治年间	王灿炽《北京安徽会馆志稿》
	太平会馆（仙源会馆）	京师前门东草场三条胡同	明代建，嘉庆十一年（1806年）重建	乾隆《太平县志》、嘉庆《太平县志》、光绪《顺天府志》
	太平试馆	宣武区菜市口胡同	清光绪十四年（1888年）	王灿炽《北京安徽会馆志稿》
	旌德会馆	京师大蒋家胡同、小蒋家胡同、羊肉胡同	明代建老馆，清代增新馆	嘉庆《宁国府志》、同治《都门纪略》、光绪《顺天府志》、《北平会馆调查》
	泾县会馆	京师南横街	万历四十七年（1619年）建，乾隆十一年（1746年）十二月重建	嘉庆《泾县志》、同治《都门纪略》、光绪《顺天府志》
	泾县会馆（新馆）	长巷下三条胡同	—	王灿炽《北京安徽会馆志稿》
	颖州会馆	—	—	王灿炽《北京安徽会馆志稿》
	庐州试馆	观音寺胡同	—	王灿炽《北京安徽会馆志稿》
	庐州会馆	京都西珠市口，骡马市大街	道光十九年（1839年）	王汝丰《北京会馆碑刻文录》曾载录有《庐州会馆记》两篇和《重修庐郡会馆碑记》、《续修庐州府志》卷十七《学校志》（清光绪十一年刊本）
	芜湖会馆	北京市东城区前门街道长巷五条7号	明永乐十九年（1421年）后	王灿炽《北京安徽会馆志稿》

[①] 此表不含我国港澳台地区会馆相关内容。

续表

城市	会馆名称	具体位置	建设时间	资料来源
北京市（40座）	凤阳会馆	宣武区排字胡同西头	明末清初	胡春焕、白鹤群《北京的会馆》1994年版、王灿炽《北京安徽会馆志稿》
	宣城会馆	宣武区菜市口东侧	清朝初年	胡春焕、白鹤群《北京的会馆》1994年版
	桐城会馆	前门内西城根	清朝末年	胡春焕、白鹤群《北京的会馆》1994年版、王灿炽《北京安徽会馆志稿》
	新安会馆	北京牛穴胡同	万历四十四年（1616年）	—
	徽州会馆	前门外鹞儿胡同	嘉庆三年（1798年）前已竣工	王灿炽《北京安徽会馆志稿》
	徽州会馆	三里河大街	光绪年间	—
	休宁会馆	—	明万历年间	
	休宁馆	丞相或绳匠胡同路西（馆址原为明朝相国许维桢府邸）	清代	王灿炽《北京安徽会馆志稿》
	休宁东馆	长巷上四条胡同中间路东	清代	—
	歙县会馆	南半截胡同	—	王灿炽《北京安徽会馆志稿》
	歙县会馆	宣武门大街路西	—	王灿炽《北京安徽会馆志稿》
	歙县会馆	菜市中街（现广安门大街东段附近）	明嘉靖三十九年（1560年）开始修建	寺田隆信《关于北京的歙县会馆》，载《中国社会经济史研究》1991年第1期
	歙县会馆（新馆）	正阳门西的则世庙处	嘉靖四十一年（1562年）增设新馆	寺田隆信《关于北京的歙县会馆》，载《中国社会经济史研究》1991年第1期
	黟县会馆	南半截胡同路西	乾隆五十九年（1794年）始建	王灿炽《北京安徽会馆志稿》

续表

城市	会馆名称	具体位置	建设时间	资料来源
北京市（40座）	婺源会馆（婺源老馆）	正阳门外西河沿，石猴儿胡同中间路西	乾隆二十五年（1760年）	《婺源乡土志》、《京师会馆》（清光绪三十四年刊本）
	梁安会馆	北京琉璃厂中间桥东	明万历二十三（1595年）	道光《京都绩溪馆录》卷四《会馆建修缘起·建绩溪会馆序》
	婺源新馆	西河沿大耳朵胡同东头路东	乾隆年间	《婺源乡土志》、《京师会馆》（清光绪三十四年刊本）
	绩溪会馆	椿树头条胡同路北	乾隆十九年（1754年）	王灿炽《北京安徽会馆志稿》
	贵池会馆	—	—	王灿炽《北京安徽会馆志稿》
	建德会馆	—	—	王灿炽《北京安徽会馆志稿》
	青阳会馆	—	—	王灿炽《北京安徽会馆志稿》
	石埭会馆	—	—	王灿炽《北京安徽会馆志稿》
	和含会馆	—	—	王灿炽《北京安徽会馆志稿》
	怀宁会馆	—	—	王灿炽《北京安徽会馆志稿》
	望江会馆	—	—	王灿炽《北京安徽会馆志稿》
	潜山会馆	—	—	王灿炽《北京安徽会馆志稿》
	泗州试馆	—	—	王灿炽《北京安徽会馆志稿》
	广德会馆	—	—	王灿炽《北京安徽会馆志稿》
	池州试馆	—	—	王灿炽《北京安徽会馆志稿》
	安庆会馆	—	—	王灿炽《北京安徽会馆志稿》
南京市（14座）	太平会馆	江宁府甘雨巷	乾嘉年间建，光绪年间重建	嘉庆《太平县志》、光绪《江南宁国府太平县馆田李氏宗谱》
	新安会馆	马府街	道光二十七年（1847年）前	沈旸《明清南京的会馆与南京城》，载《建筑师》2007年第4期
	安徽会馆	油市街	光绪十九年（1893年）前	沈旸《明清南京的会馆与南京城》，载《建筑师》2007年第4期
	新歙会馆	钞库街	不详	沈旸《明清南京的会馆与南京城》，载《建筑师》2007年第4期

续表

城市	会馆名称	具体位置	建设时间	资料来源
南京市（14座）	歙县试馆（政治性质）	江宁县石坝街忠字铺	同治八年（1869年）	沈旸《明清南京的会馆与南京城》，载《建筑师》2007年第4期
	金东会馆	状元境	不详	沈旸《明清南京的会馆与南京城》，载《建筑师》2007年第4期
	旌德会馆	江宁府党家巷	乾隆四年（1739年）	光绪《旌邑宾兴公项章程》、民国《金陵旌德会馆志》
	徽州旅淳同乡会	江宁府高淳县	同治年间	新编《江苏省志·商业志》、新编《高淳县志》
	旌德会馆（旌德旅淳同乡会）	江宁府高淳县	—	新编《高淳县志》、《高淳史志资料》
	泾县会馆	江宁府百花巷13、15号	嘉庆十一年（1806年）	《金陵泾邑会馆录》、嘉庆《泾县志》、《南京建筑志·古代建筑》（1996年版）
	婺源会馆	顾楼	同治末光绪初年	沈旸《明清南京的会馆与南京城》，载《建筑师》2007年第4期
	婺源老馆（科举试馆）	江宁县镞子巷	同治末年	《婺源乡土志》第十七课《南京试馆》（清光绪三十四年刊本）
	徽州会馆	栏杆桥	不详	沈旸《明清南京的会馆与南京城》，载《建筑师》2007年第4期
	徽商会馆	南京上新河	清代	光绪《婺源县志》卷三十三《人物上·义行五》
苏州市（15座）	安徽会馆（惠荫园）	苏州市临顿路南显子巷18号第一初级中学内	同治三年（1864年）	《苏州市志·文物》（1995年版）
	徽郡会馆	镇抚司前十六号	清乾隆间初建，同治六年（1867年）修复	江苏省博物馆编《江苏省明清以来碑刻资料选集》（1959年版）
	新安会馆	五图义慈巷东	—	《吴县志》卷三十《舆地考·公署三》

179

续表

城市	会馆名称	具体位置	建设时间	资料来源
苏州市（15座）	新安会馆	阊门外上塘街二号	乾隆三十八年（1773年）	江苏省博物馆编《江苏省明清以来碑刻资料选集》（1959年版）
	大兴会馆	娄门外潭子里十号	康熙十九年（1680年）初建，康熙五十七年（1718年）修复	江苏省博物馆编《江苏省明清以来碑刻资料选集》（1959年版）
	高宝会馆（江淮会馆）	阊门外潭子里十号	康熙五十七年（1718年）	江苏省博物馆编《江苏省明清以来碑刻资料选集》（1959年版）
	徽州旅享堂	苏州长州县黄棣镇	乾隆年间	欧阳发《中国民俗大系安徽民俗》（2004年版）第203-204页
	徽州会馆	常熟市南门外西庄街66号	康熙六十年（1721年）	《常熟市志·文物园林名胜》（1990年版）
	梅园会馆	常熟	—	谢永平《明清徽商的兴起与东南城镇经济的发展》，载《南通大学学报》（社会科学版）2008年第3期
	旌德会馆	苏州府吴江县盛泽镇	嘉庆以前	《江苏省明清以来碑刻资料选集》
	徽宁会馆	苏州府吴江县盛泽镇	嘉庆十四年（1809年）	苏州省博物馆《明清苏州工商业碑刻集》
	宣州会馆（宛陵会馆）	苏州府阊门内吴殿直巷	乾隆初年（1736年）建，同治四年（1865年）重建	乾隆《泾县志》、《江苏省明清以来碑刻资料选集》
	宣州会馆	—	同治三年（1864年）	江苏省博物馆编《江苏省明清以来碑刻资料选集》（1959年版）
	太平庵（烟业公所）	胥门外十一都十图	—	江苏省博物馆编《江苏省明清以来碑刻资料选集》（1959年版）
	烟业公所（宣州会馆）	苏州阊门南城下	乾隆年间	江苏省博物馆编《江苏省明清以来碑刻资料选集》（1959年版）

180

续表

城市	会馆名称	具体位置	建设时间	资料来源
扬州市（7座）	安徽会馆	扬州花园巷	不详	沈旸《扬州会馆录》，载《文物建筑》2008年刊
	盐务会馆	扬州市广陵区东关街	—	沈旸《扬州会馆录》，载《文物建筑》2008年刊
	旌德会馆	扬州府仪征县	嘉庆以前	道光《重修仪征县志》
	旌德会馆	扬州市弥陀巷1号、彩衣街	康熙五十年（1711年）	民国《旌阳凤山朱氏宗谱》
	四岸公所	扬州市广陵区新仓巷社区丁家湾118号	清代	沈旸《扬州会馆录》，载《文物建筑》2008年刊
	徽国文公祠（徽州府六邑公馆）	江都县	—	沈旸《扬州会馆录》，载《文物建筑》2008年刊
	徽州会馆（徽国文公祠、徽州恭善堂）	广陵路（缺口街）小流芳巷4号对门	光绪十一年（1885年）	沈旸《扬州会馆录》，载《文物建筑》2008年刊
常州市（1座）	泾旌太会馆	常州府武进县尉史桥	始建于尉史桥，同治五年（1866年）改建于察院街	光绪《武阳志余》
徐州市（1座）	泾县会馆	徐州府宿迁县通岱街南	同治十三年（1874年）	民国《宿迁县志》
淮安市（2座）	新安会馆	淮安清河县城内西北隅	同治九年（1870年）	光绪二年《清河县志》卷二《疆域志·建置》
	新安会馆（灵王庙）	江苏省淮安市淮安区淮城镇河下村莲花街	道光初年（1821年）	王觐辰《淮安河下志》卷十六《杂缀》
镇江市（2座）	旌太会馆	—	同光之际	《中国会馆史论》
	旌德会馆	—	—	《申报·拟设旌德旅学镇江》

181

续表

城市	会馆名称	具体位置	建设时间	资料来源
无锡市（2座）	紫阳书院（朱文公祠）	江苏省无锡市滨湖区惠山古镇	光绪元年（1875年）重建	—
	徽州会馆	无锡江阴县王保庙巷	光绪二十一年（1895年）	民国十年《江阴县续志》卷三《建置》
南通市（2座）	徽商会馆（雨香庵）	南通市如皋县中禅寺内	康熙十八年（1679年）始建	嘉庆十三年《如皋县志》卷三《建置》
	星江公所	南通海门县	清代	民国《婺源县志》卷四十二《人物志》
杭州市（12座）	徽商木业公所	杭州候潮门外	乾隆五十一年（1786年）	《徽商公所征信录·序》
	徽商公所	杭州南关	乾隆	光绪《婺源县志》卷三十二《人物志·义行三》
	安徽会馆	柴垛桥	—	《杭州府志》卷十七《学校四》
	泾县会馆	杭州府江干	—	—
	新安会馆	杭州府内，寿昌县城南	初建于何时无从考证，宣统三年（1911年）徽商重建	民国《寿昌县志》卷四《建置志·馆》
	新安会馆（关帝庙）	严州府遂安县	明朝天启年间	乾隆《遂安县志》卷二《营建·坛庙》
	新安会馆（新安文会）	富阳县	清乾嘉年间	—
	徽国文公祠	杭州府建德县境内	—	道光《建德县志》卷八《秩祀》
	徽国文公庙	杭州福运门内	乾隆五十年（1785年）	—
	徽州会馆	杭州城内	清代	钟毓龙《说杭州》
	新安怀仁堂	杭州塘栖镇	清光绪年间	《新安怀仁堂征信录》

续表

城市	会馆名称	具体位置	建设时间	资料来源
杭州市（12座）	新安惟善堂	杭州城外海月桥桃花山麓	嘉庆、道光间	—
湖州市（16座）	新安义园	归安县双林镇	清代	民国《双林镇志》卷八《公所》
	新安会馆	德清县城东门外蒋湾圩	清朝道光四年（1824年）	民国《德清县志》卷三《建置志》
	新安会馆	南浔镇	道光十二年（1832年）	同治《南浔镇志》卷十《祠墓》
	新安公所	长兴县泗安镇	同治	朱镇《长兴志拾遗》卷上《共建》
	新安会馆（敦仁堂）	德清县新市镇步云桥南边	清代	民国《德清县志》卷三《建置志》
	新安会馆	乌青镇	清代	陈学文《湖州府城镇经济史料类纂》（1989年版）
	新安公所	乌青镇	清代	—
	旌德会馆	—	—	《支那省别全志：浙江省》
	式好堂	湖州府双林镇积善桥北	万历年间	乾隆《泾川朱氏宗谱》、乾隆《泾县志》、民国《双林镇志》
	绢业公馆	—	康熙年间	—
	绢业公馆（新馆）	—	雍正	—
	泾邑会馆	湖州府菱湖镇	乾隆以前	乾隆《泾川水东翟氏支谱》
	泾县会馆	湖州府归安县双林镇沈家桥北	嘉庆、道光年间	民国《双林镇志》
	朱文公祠	乌程县眺谷铺	乾隆二十八年（1763年）	《湖州府志》卷四十《祀典》
	新安义园	德清县唐栖镇	清代	光绪《唐栖志》卷十八《事纪》
	新安会馆	归安县菱湖镇	清代	光绪《菱湖镇志》卷二《公廨》

续表

城市	会馆名称	具体位置	建设时间	资料来源
嘉兴市（5座）	新安会馆	嘉兴县	清代	陶元镛《鸳鸯湖小志》民国二十四年（1935年）铅印本
	徽商会馆	平湖县	清代	光绪《婺源县志》卷三十五《人物·义行八》
	新安会馆	嘉善府城内	清末	安徽文化网《徽州会馆中的对联》（2008年9月1日）
	徽州会馆	秀兴县濮院镇	清代	民国《濮院志》卷二《建置志》
	新安会馆	海宁州硖石镇	不详	陈国灿《浙江城镇发展史》（2008年版）第266-268页
衢州市（6座）	宁国太平公所	衢州府城金钟巷	—	《衢州史话》
	徽州文公祠（也称徽州会馆）	衢州府常山县城小东门朝京坊新安里	天启七年（1627年）	嘉庆《常山县志》卷十一《艺文志》
	徽州会馆	衢州西安县杜泽市	嘉庆元年（1796年）	陈国灿《浙江城镇发展史》（2008年版）
	徽州会馆	浙江省衢州市柯城区县学街18号-3层	—	—
	徽州会馆	衢州江山县清湖镇	—	陈国灿《浙江城镇发展史》（2008年版）
	徽州文公祠	衢州西安县学西	乾隆二十一年（1756年）	嘉庆《西安县志》卷四十三《祠祀》
绍兴市（3座）	太平园	绍兴府	光绪以前	宣统《仙源崔氏支谱》
	安徽会馆	灵芝乡北海村四王庙	—	《绍兴市志·文物古迹》（1995年版）
	安徽会馆	绍兴越城	清代	绍兴市文物局《绍兴文物志》2006年版

续表

城市	会馆名称	具体位置	建设时间	资料来源
金华市（4座）	新安会馆	义乌市佛堂镇	清同治光绪年间	《佛堂商业古镇将重现旧时风貌》，载《市场星报》2011年8月1日
	新安会馆	武义县	—	—
	紫阳书院	汤溪县	—	—
	徽商会馆（新德庵）	金华府兰溪县城北五里	乾隆三十一年（1766年）	光绪十四年《兰溪县志》卷三《建置》
上海市（8座）	徽宁会馆（徽宁思恭堂）	大东门外十六铺	乾隆十九年（1754年）	上海博物馆图书资料室编《上海碑刻资料选辑》（1980年版）、《徽宁思恭堂征信录》
	祝其公所	上海	道光二年（1822年）	上海博物馆图书资料室编《上海碑刻资料选辑》（1980年版）
	上海星江茶业公会	—	—	—
	星江公所（敦梓堂）	上海	咸丰、同治年间	上海博物馆图书资料室编《上海碑刻资料选辑》（1980年版）
	漏泽园会馆	嘉定南翔镇	乾隆	嘉庆《南翔镇志》卷十《杂志》
	思义堂	上海南汇县新场镇东南三十六都	清嘉庆十八年（1813年）	—
	徽宁旅沪同乡会	—	民国十一至十三年（1922—1924年）	《徽宁思恭堂征信录》
	徽宁医治寄宿所	义园与会馆之间	民国二年（1913年）	—
济宁市（2座）	徽宁会馆	微山县夏镇街道部城小后	清代	

续表

城市	会馆名称	具体位置	建设时间	资料来源
济宁市（2座）	安徽会馆	济宁旧城南门外福瑞街北首路西	明朝天启年间	王云《明清山东运河区域的商人会馆》，载《聊城大学学报》（社会科学版）2008年第6期
济南市（2座）	安徽会馆	皖新街29号	同治十二年（1873年）	—
	江南会馆	黑虎泉西路	—	—
天津市（2座）	周公祠	天津市津南区小站镇会馆村	光绪十六年（1890年）	—
	安徽会馆	天津城总督衙门西三马路口	咸丰四年（1854年）光绪三十三年（1907年）	沈旸《明清时期天津的会馆与天津城》，载《华中建筑》2006年第11期
锦州市（1座）	安徽会馆	辽宁锦州城内	—	何炳棣《中国会馆史话》（1966年版）
营口市（2座）	三江会馆	奉天府营口县	清末	《太平县志（民国）》
	安徽会馆	辽宁牛庄（今营口）	清代	《海关十年报告》（1882—1891年）第一期、彭益泽《中国工商行会史料集》（1995年版）第621页
景德镇（5座）	宁国会馆	饶州府浮梁县景德镇	—	《支那省别全志·江西省》
	泾川会馆	饶州府浮梁县景德镇	乾隆以前	乾隆《泾县志》
	太平公所	饶州府浮梁县景德镇	光绪年间	光绪《江南宁国府太平县馆田李氏宗谱》
	徽宁商人联盟	饶州府浮梁县景德镇	—	程振武《景德镇徽商》，载《江淮文史》1995年第3期
	徽州会馆（新安书院）	景德镇	嘉庆年间	程振武《景德镇徽商》，载《江淮文史》1995年第3期

续表

城市	会馆名称	具体位置	建设时间	资料来源
上饶市（8座）	旌德会馆（初名旌德公所）	广信府玉山县社稷坛旁	嘉庆二十三年（1818年）建，咸丰同治年间遭兵火被毁，光绪年间重修	同治《玉山县志》、新编《玉山县志》
	旌德会馆	广信府铅山县河口镇三堡	嘉庆七年（1802年）建，咸丰年间被毁。同治年间重建	同治《铅山县志》
	旌德会馆	玉山县新建路东侧	嘉庆二十三年（1818年）	《支那省别全志·江西省》、《玉山县志·文物古迹》（1985年版）
	婺源会馆	鄱阳	清康熙二十七年（1688年）	光绪《婺源县志》卷三十五《人物·义行》
	徽州会馆	江西鄱阳县	清代	光绪《婺源县志》卷三十四《人物·义行》
	河口商铺会馆	江西省上饶市铅山县河口古镇二堡街369号	—	—
	徽国文公祠	广丰	—	—
	徽州会馆	江西铅山县河口镇	光绪十四年（1888年）	同治《铅山县志》卷三《建置志》
广州市（2座）	婺源会馆	广州	清代	光绪《婺源县志》卷三十五《人物·义行八》
	新安会馆	广州	清代	光绪《婺源县志》卷三十四《人物·义行七》
武汉市（11座）	新安公所	汉口循礼坊四总	清康熙年间	彭益泽《中国工商行会史料集》（1995年版）
	徽州会馆（新安书院）	汉口循礼坊新安街3-27号	康熙三十四年（1695年），或建于康熙七年（1668年）（1694年）	民国九年《夏口县志》卷五《建置志·各会馆公所》
	新安笃谊堂	汉阳十里铺	清光绪年间	—

续表

城市	会馆名称	具体位置	建设时间	资料来源
武汉市（11座）	太平会馆（太平宾馆）	汉阳府汉阳县汉口镇草纸街、衣铺街回龙寺	康雍年间	嘉庆《太平县志》、《汉口丛谈》、民国《夏口县志》
	徽宁会馆	汉阳府汉阳县汉口镇大夹街	—	《解放前武汉的徽商与徽帮》
	太平会馆（试馆）	武昌区花园山西麓，临近西侧贡院，现仍有地名留存	—	—
	太平会馆	汉口花楼街10号原新华织带厂	清同治八年（1869年）	—
	安苓公所			
	琴溪书院	汉阳府汉阳县汉口镇沈家庙、九如桥	康熙四十年（1701年）；康熙五十一年（1712年）	乾隆《泾县志》、《汉口丛谈》、《小万卷斋全集》
	旌德会馆	汉阳府汉阳县汉口镇永宁巷	光绪二十二年（1896年）	《汉口丛谈》、《汉口商号名录》、民国《夏口县志》
	全皖会馆	武昌粮道街	民国四年（1915年）建	—
宜昌市（1座）	太平会馆	宜昌府	—	《宜昌市文史资料》
黄冈市（1座）	泾县会馆	黄州府广济县武穴	—	《支那省别全志：湖北省》《武穴文史资料》
襄阳市（2个）	泾县会馆	襄阳府	—	《支那省别全志：湖北省》《襄樊文史资料》
	徽州会馆	湖北襄阳皮坊街	清代	襄樊市地名领导小组：《襄樊市地名志》（1983年版）第177页
荆州市（7个）	泾太会馆	荆州府江陵县沙市镇毛家巷旃檀庵	康熙元年（1662年）	嘉庆《太平县志》、《支那省别全志：湖北省》、《沙市文史资料》

续表

城市	会馆名称	具体位置	建设时间	资料来源
荆州市（7座）	太平会馆	荆州府枝江县董市、三斗坪	—	民国《桂城陈氏族谱》
	太平会馆	荆州府宜都县	咸丰以前	《杨守敬年谱》
	太平会馆	荆门州沙洋镇	—	新编《荆门市志》
	徽州会馆	湖北沙市	乾隆前	—
	安徽会馆	湖北荆州府江陵县	清代	—
	徽州会馆	湖北荆州府监利县	清代	—
安庆市（6座）	泾县会馆	安庆府怀宁县	乾隆五十六年（1791年）	嘉庆《泾县志》、《支那省别全志：安徽省》、民国《怀宁县志》
	旌德会馆	安庆府怀宁县太平境	—	民国《怀宁县志》、民国《济阳江氏金鳌派宗谱》
	太平公所	安庆府	—	《太平县志（民国）》
	泾太会馆	安庆府桐城县西门内	—	《支那省别全志：安徽省》
	徽州会馆	安庆府	清代	—
	徽州会馆	安庆怀宁县大墨子巷	清代	—
芜湖市（11座）	徽州会馆	芜湖	康熙十九年（1680年）	民国《芜湖县志》卷十三《会馆》
	新安文会馆	芜湖索面巷内	—	—
芜湖市（11座）	徽国文公祠	芜湖	清嘉庆年间	
	卉木庵馆（泾县会馆）	太平府芜湖县	崇祯十一年（1638年）建，道光、光绪年间重建	乾隆《泾县志》、民国《芜湖县志》、《支那省别全志：安徽省》

189

续表

城市	会馆名称	具体位置	建设时间	资料来源
芜湖市（11座）	旌德会馆	太平府芜湖县北廊	道光十年（1830年）建，同治三年（1864年）重建	民国《芜湖县志》、民国《隐龙方氏宗谱》、《支那省别全志：安徽省》
	太平会馆（仙源公所）	太平府芜湖县西门	同治五年（1866年）	民国《芜湖县志》、《支那省别全志：安徽省》
	泾太会馆	太平府繁昌县	—	《太平县志（民国）》
	泾太公所	宁国府南陵县大成坊西街	咸丰年间	民国《南陵县志》、《支那省别全志：安徽省》
	泾县会馆	宁国府南陵县横街头	民国十四年（1925年）；民国十五年（1926年）	民国《南陵县志》
	旌德会馆	宁国府南陵县小南街	—	民国《南陵县志》、《支那省别全志：安徽省》
	徽州会馆（新安公所）	安徽芜湖繁昌县天马门西首	清代	安徽文化网
亳州市（4座）	金龙四大王庙	颖州府亳州	乾隆以前	乾隆《泾县志》
	宁池会馆	颖州府亳州	—	《支那省别全志：安徽省》
	古肥公所	安徽省亳州市谯城区何家巷	清代	—
	徽国文公祠	亳州门神街东头路北	康熙四十四年（1705年）	李灿《会馆林立：亳州商贸都会标志和见证》，载《亳州报》2008年11月19日
合肥市（6座）	旌德会馆	安徽省合肥市肥西县南街327号	乾隆二十一年（1756年）	《支那省别全志：安徽省》、《合肥文史资料》
	泾县会馆	庐州府合肥县三河镇	—	—

续表

城市	会馆名称	具体位置	建设时间	资料来源
合肥市（6座）	泾县会馆	庐州府合肥县	—	《合肥文史资料》
	旌德会馆	庐州府庐江县	嘉庆年间	道光《旌德县续志》
	泾青太会馆	庐州府庐江县	乾隆年间	嘉庆《太平县志》
	徽州会馆	今合肥长江中路省政府西侧	清代	安徽文化网
六安市（6座）	泾县会馆	六安州竹丝巷	—	《支那省别全志：安徽省》
	旌德会馆	六安州黄家大街	—	《支那省别全志：安徽省》、《白狼扰蓼记》
	太平会馆	六安州塘子巷	—	《支那省别全志：安徽省》
	旌德会馆	六安州麻埠镇	咸丰同治年间	—
	旌德会馆	六安州英山县	—	民国《英山县志》
	徽州会馆	安徽六安	嘉庆十五年（1810年）	范金民《清代徽商与经营地民众的纠纷——六安徽州会馆案》，载《安徽大学学报》（哲学社会科学版）
开封市（1座）	安徽会馆（江南会馆，草关帝庙）	河南开封	道光年间	王兴五《明清河南集市庙会会馆》（1998年版）
周口市（1座）	安徽会馆	河南周家口	乾隆三十七年（1772年）	周口市地方史编纂委员会《周口市志》（1994年版）
信阳市（1座）	江南会馆	河南信阳市商城县	康熙年间	嘉庆《商城县志》卷十三《流寓》
阆中市（1座）	徽州会馆	四川阆中	清初	许琦《找寻徽州会馆（八）——阆中行》，载《徽州社会科学》2010年第9期
常德市（3座）	紫阳堂	常德府	乾隆年间	嘉庆《泾县志》
	乐义堂	常德府武陵县	—	嘉庆《泾县志》
	徽州会馆（徽国文公庙）	湖南常德衣服街	乾隆十六年（1751年）	嘉庆《常德府志》卷十一《建置志》

续表

城市	会馆名称	具体位置	建设时间	资料来源
怀化市（1座）	徽州会馆	湖南怀化洪江县	清代	洪江区史志档案馆《洪江市志》（1994年版）第418页
西安市（1座）	安徽会馆	长安水池	嘉庆庚辰（1820年）	同治六年《安徽会馆录》、《陕省安徽会馆录》
南宁市（1座）	安徽会馆	解放路南侧石巷口12号	清代	—
保定市（1座）	淮军公所	河北省保定市环城西路220号	清代	—
南昌市（1座）	赏溪书屋	南昌府	康熙四十年（1701年）	乾隆《泾县志》
赣州市（1座）	安徽会馆	—	—	—
九江市（2座）	徽州会馆	九江永修县吴城镇	—	—
九江市（2座）	新安笃谊堂	九江浔阳	光绪二十九年（1903年）	—
黄山市（3座）	（黟县）登善集	黟县渔镇	道光年间	《（黟县）登善集》
黄山市（3座）	新安屯溪公济局	屯溪镇	光绪年间	—
黄山市（3座）	新安思安堂	休宁县十六都珠塘铺	民国六年（1917年）	—
福州市（2座）	安徽会馆	福州九彩园（旧）	同治元年（1862年）	《闽省安徽会馆全录》
福州市（2座）	安徽会馆	城南梅枝里屋一区（新）	光绪年间	—
长沙市（4座）	太平会馆	长沙府善化县十铺福胜街	康熙三十二年（1693年）	光绪《善化县志》、《太平县志（民国）》
长沙市（4座）	安徽会馆	—	—	向雨航《湘桂走廊视野下的会馆建筑研究》

续表

城市	会馆名称	具体位置	建设时间	资料来源
长沙市（4座）	徽国文公祠	—	—	向雨航《湘桂走廊视野下的会馆建筑研究》
	新安会馆	—	—	向雨航《湘桂走廊视野下的会馆建筑研究》
衡阳市（1座）	泾县会馆	衡州府	同光之际	光绪《泾川西阳胡氏家乘》
湘潭市（3座）	海阳庵	—	—	向雨航《湘桂走廊视野下的会馆建筑研究》
	指南庵	—	—	向雨航《湘桂走廊视野下的会馆建筑研究》
	凤笠庵	—	—	向雨航《湘桂走廊视野下的会馆建筑研究》
桂林市（2座）	新安会馆	—	—	向雨航《湘桂走廊视野下的会馆建筑研究》
	临桂新安会馆	—	—	向雨航《湘桂走廊视野下的会馆建筑研究》
重庆市（3座）	太平会馆（仙源会馆）	重庆府巴县	嘉庆以前	嘉庆《太平县志》
	准提庵（泾太会馆）	重庆府巴县	嘉庆以前	嘉庆《太平县志》
	江南会馆（准提庵）	洪学巷	康熙年间	—
会理市（1座）	江南会馆（言圣宫）	会理县百货公司宿舍	清代	《会理县志·社会风土》（1994年版）
华宁县（1座）	宁州会馆	宁州镇	—	—
曲靖市（1座）	江南会馆（白衣阁、吕祖阁）	云南省曲靖市会泽县古城街道钟屏路163号	清代	《四川省志·建筑志》（1996年版）

193

续表

城市	会馆名称	具体位置	建设时间	资料来源
成都市（2座）	泾县会馆	成都府中东大街	—	宣统《成都便览》、《吴虞日记》
	江南会馆	江南馆街，东起中纱帽街，西接大科甲巷东口	清代	《成都城坊古蹟考》《成都城区街名通览》
宣城市（12座）	泾县会馆（李傅二公祠）	锦城街南门岗子头"资政第"俞宅的斜对面	清代及民初	《陵阳杂忆·宣城的会馆》，载官城县地方志编纂委员会办公室编《宣城古今》（1986年印）
	旌德会馆	锦城街西首，奉公街对面，坐西朝东	清代及民初	—
	太平会馆	宁国府宣城县锦城街	清代建，民国元年（1912年）重建	嘉庆《太平县志》、民国《太平县志》、《宣城县文史资料》
	南陵会馆	木直街	清代及民初	—
	徽、泾、旌、太四邑旅宣（城）同乡联合会	—	民国九年（1920年）	新编《泾县志》
	南陵都门会馆	—	前万历年间	—
	泾太会馆	宁国府宣城县水阳镇	—	民国《太平县志》
	泾太会馆	城关文庙西侧	咸丰年间	—
	旌德会馆	广德州	—	《广德文史资料》
	旌德会馆	宁国府宣城县南门	—	《宣城县文史资料》、新编《宣城县志》
	泾县会馆	宁国府宣城县湾沚镇	—	新编《芜湖县志》
	泾县会馆	宁国府宣城县孙家埠	—	《宣州文史资料》

续表

城市	会馆名称	具体位置	建设时间	资料来源
镇远县（1座）	江南会馆（准提庵）	周街现公路段处	明代	—
宁国市（3座）	泾邑公馆（泾县会馆）	宁国府城东阪头七号	乾隆年间	
	泾县会馆	河沥溪镇	光绪三十四年（1908年）建	民国《宁国县志》卷一《舆地志下·会馆》
	旌阳会馆	河沥溪镇	民国四年（1915年）建	—
马鞍山市（3座）	旌德会馆	和州	嘉庆以前	《肖岩文钞》
	泾邑会馆（泾县旅当同乡会）	太平府当涂县城内花园巷	—	民国《当涂县志》
	泾邑义昌会馆	太平府当涂县丹阳镇	嘉庆九年（1804年）建，光绪二十三年（1897年）重建	嘉庆《泾县志》、民国《当涂县志》
铜陵市（2座）	泾太会馆	池州府铜陵县大通镇	光绪二年（1876年）	—
	旌德会馆	—	—	《鹊江风俗志》
滁州市（1座）	旌德会馆	滁州全椒县	—	民国《全椒县志》
南平市（1座）	旌德会馆	建宁府浦城县	道光以前	道光《旌德县续志》
铜仁市（1座）	江南会馆	德江县城郊的大桥"一品楼"	明代	—

续表

城市	会馆名称	具体位置	建设时间	资料来源
泰州市（3座）	新安会馆	泰州	—	《天南地北,无地不徽》,载《市场星报》
	新安会馆	姜堰原人民剧场东侧	—	《天南地北,无地不徽》,载《市场星报》
	新安会馆	姜堰原工业学校南侧老通扬运河的北畔，东板桥的东北侧，姜堰东风街姚义兴巷10号	—	《天南地北,无地不徽》,载《市场星报》

附录二　中国现存安徽会馆总表[①]

城市	会馆名称	具体位置	会馆概述	现状照片
北京市（4座）	旌德会馆	北京市东城区大江胡同19号	旌德会馆始于明代，清代延续，《安徽会馆志》卷二十三有旌德会馆记载。该会馆坐东北朝西南，现有门楼与挂牌，已修复，内部暂未开放	
	泾县会馆	北京市东城区长巷头条60号	嘉庆二十四年（1819年），由邑人胡承珙撰、马肇勋书的《泾县新馆记》载："吾泾自前明时，乡先辈之在京师者，即惓惓于邑馆不置，盖在嘉、隆间已有新旧两馆，一在内城，一在外城。"现有门楼与挂牌，已修复，内部暂未开放	
	芜湖会馆	北京市东城区前门街道长巷五条7号	中国第一家会馆。会馆有东西两院，各矗立着一株高大的香椿树。正厅有3间，各式厢房小屋16间，沿街铺面房屋7间，灰棚房6间，规模在当时十分了得。现已破败不堪，仅有挂牌和一栋平房建筑	

---

① 此表不含我国港澳台地区会馆相关内容。

续表

城市	会馆名称	具体位置	会馆概述	现状照片
北京市（4座）	安徽会馆	北京市西城区椿树街道后孙公园胡同3号、25号、27号	北京安徽会馆是国家级文物保护单位，面积达九千余平方米，是晚清在京建设的最大的会馆，馆内另建戏楼一座。现中路已修复，东西两路也已清出	
南京市（2座）	安徽会馆	南京小王府巷	南京安徽会馆现存一栋两进天井式建筑，旁边是朱元璋菜地，位于小王府巷街道中，旁边有一座清真寺。暂无挂牌，作为工人临时用房	
	泾县会馆	江宁府百花巷13、15号	南京泾县会馆主要为士子所设，内有楼室多间。有补不足斋、留余书屋、汲古斋、梯青斋、漱艺轩、拳石山房、文昌楼、安吴别社、隔绿云廊、南寄春坞、泾川别墅、闲话家山、听雨楼头、枕经葄史、藏春社、容膝居、秋声馆，现存一路建筑，共三进院落	

续表

城市	会馆名称	具体位置	会馆概述	现状照片
苏州市（3座）	安徽会馆（惠荫园）	苏州市临顿路南显子巷18号第一初级中学内	苏州南显子巷安徽会馆为省级文物保护单位。清光绪年间，李鸿章继任苏州知府，在此修建安徽会馆和程忠烈公祠，易名为惠荫园，光绪二年（1876年），增建经商公所。1952年，惠荫园被用作中学，一直保存至今，现改造为苏州第一中学校舍	
	新安会馆	阊门外上塘街2号	苏州上塘河安徽会馆为省级文物保护单位，建于明末清初，名为东郭唐，是南显子巷安徽会馆的分馆，以安葬同乡人员为主要功能。后于2005年移建至东边一百米以外，重新利用为安徽商会的办公和活动场地	
	徽宁会馆	苏州府吴江县盛泽镇	苏州徽宁会馆有正殿三间，分供协天大帝关羽、忠烈王、汪公大帝、东平王张公大帝，设别院祭祀朱熹。同时建有殡舍、义冢、行馆、驳岸，购有公置田产，"会馆自创始以来，暨堂中一切公需资费较巨，皆赖同乡竭力襄助"。现存一栋建筑	

199

续表

城市	会馆名称	具体位置	会馆概述	现状照片
扬州市（5座）	场盐会馆	扬州南河下历史街区	扬州场盐会馆为市级文物保护单位，位于南河下历史街区新大原62号，目前仅存砖刻门楼和一进院落，门楼材质是六边形水磨砖，砖雕图案为莲花、莲瓣、卷草等植物，仅门上雕刻福、禄、寿三星，寓意福如东海、寿比南山。室内依稀可见五架木结构屋顶。门楼两侧均有三岳朝天跌落式马头墙，材质为青砖，无多余装饰	
	盐务会馆	扬州市广陵区东关街396、398、400号	扬州盐务会馆为市级文物保护单位，位于东关街396、398、400号，坐北朝南。盐务会馆建筑群原有29间房屋，前后七进院落。现存主房三进，面积共300多平方米。从东关街穿过狭窄的巷道，可到达其东边侧门，侧门入口也是八字门楼的形式，不过没有单独的门楼，而是与主体建筑屋顶相连，向内退出入口平台。门上用水磨砖简单雕刻花草装饰，墙体的主体材质为青砖	

续表

城市	会馆名称	具体位置	会馆概述	现状照片
扬州市（5座）	旌德会馆	扬州市弥陀巷1号、彩衣街	扬州旌德会馆市级文物保护单位，位于彩衣街弥陀巷1号。旌德会馆是宁国府旌德县商人在此地建立的会馆建筑，现存五进院落，坐北朝南，装饰较为简单。建筑屋顶形式全部是硬山顶，青砖墙体，仅有一层，高度约为6米，山墙连成一体，形成重复式韵律	
	四岸公所	扬州市广陵区新仓巷社区丁家湾118号	扬州四岸公所为市级文物保护单位，位于南河下历史街区丁家湾118号，原建筑分为东、中、西三路，有房屋90余间。如今内部房屋损坏严重，仅存门楼、主屋楠木厅以及一座两层的天井式院落建筑，依稀可以看出昔日的辉煌	
	徽州会馆（徽国文公祠、徽州恭善堂）	广陵路（缺口街）小流芳巷4号对门	扬州徽州会馆为市级文物保护单位，建于光绪十一年（1885年），位于小流芳巷4号，距离古运河仅约200米，曾是祭祀朱子、安放徽商灵柩之所，如今已成为民居	

续表

城市	会馆名称	具体位置	会馆概述	现状照片
无锡市（1座）	紫阳书院（朱文公祠）	江苏省无锡市滨湖区惠山古镇	无锡自古以来便是理学发展之重地，文风兴盛，有多座书院、义塾、学堂等建筑，且位于江南地区、运河沿线，商业也是一片繁盛。无锡紫阳书院又称朱文公祠，前身是元代强可仕的住所，后又改为"栖隐园"，清康熙年间被祖籍位于徽州的盐商改建为紫阳书院，从购置土地、建设书院到开设课程等全部由盐商一手操办，所以，这座书院具有一定的商业特征。民国时期，紫阳书院不再具有教学的功能，转变为同业性质的盐务公所	
衢州市（1座）	徽州会馆	浙江省衢州市柯城区县学街30号	省级文物保护单位，会馆坐北朝南，原址占地约629平方米，为三进两天井结构，硬山顶。现已修复正门、主厅、庭院等	
天津市（1座）	周公祠	天津市津南区小站镇会馆村	天津周公祠为省级文物保护单位，坐落于天津市津南区小站镇会馆村。建于1890年，系为纪念周盛传、周盛波兄弟所建，占地14 000平方米	

续表

城市	会馆名称	具体位置	会馆概述
武汉市（2座）	新安公所	汉口循礼坊新安街9号	原址为准提庵，于近代重建，现遗存一栋完整的两层建筑。经改造修复后，入口门楼为混凝土材质，拱形门洞套方形门框，进入建筑内部后是一个长约为4米、宽约为3米的天井式院落，经院落可通向东、西、北三面的房间。楼梯位于东北角，抵达二层还依稀能够看出木构架形式。新安公所现已改造为民居建筑
武汉市（2座）	徽州会馆（新安书院）	汉口循礼坊新安街3-27号	汉口新安书院建筑群已遭大面积损毁与重建，唯有一面青砖墙留存至今，依稀能看出墙角大块白石填充的做法，部分绘有雕刻纹样
亳州市（1座）	古泗公所	安徽省亳州市谯城区何家巷	古泗公所所建于清朝初期，由在亳州经商的合肥纸业、典当商人修建，作为公所使用，总占地面积约3 600平方米

安 徽 会 馆

续表

城市	会馆名称	具体位置	会馆概述	现状照片
南宁市（1座）	安徽会馆	解放路南侧石巷口12号	安徽会馆现为南宁市文物保护单位，由两座二层的小楼并排组成，现仅能看出其门楼	
保定市（1座）	淮军公所	河北省保定市环城西路220号	保定淮军公所现为国家级文物保护单位，又名敕建李文忠公祠，始建于1888年，由李鸿章倡建，是全国九座淮军昭忠祠中的第七座，也是规模最为宏大的一座。初建之时仅有淮军昭忠祠与淮军公所，后将中间一路改为李鸿章专祠	
曲靖市（1座）	江南会馆（白衣阁、吕祖阁）	云南省曲靖市会泽县古城街道钟屏路163号	江南会馆现为国家级文物保护单位，始建于清雍正年间，后乾隆、道光、光绪年间曾扩建，占地23 000余平方米，建筑面积1 020平方米。会馆内兼有斗姆阁、武侯祠、吕祖阁和白衣阁4个建筑组群。现仅存江南会馆大殿、吕祖阁大殿、观音殿等建筑	

后记

  会馆作为中国建筑历史中一种重要的建筑，凝结了古代人的心血与智慧，而安徽会馆即为会馆类型中一颗闪耀的星。

  一种建筑的兴起，自然离不开多重因素的影响，无论是历史、地理，还是经济、文化等，都或多或少参与了安徽会馆的产生与发展过程。在历史方面，安徽省与江苏省原本共属江南省，分省后形成各具特色的会馆形式。在地理方面，安徽被长江、淮河分成三个文化区，对安徽会馆的祭祀等特征产生影响。在经济方面，徽商等安徽商帮的崛起为安徽会馆提供经济支持。从文化方面来说，程朱理学等文学的兴盛为安徽会馆奠定了思想基础。而会馆的分类依据多种多样，对于安徽会馆，作者提出根据其性质将安徽会馆分为文、商、军、仕四个类型，分别对应使用者的四种身份——文人、商人、军人、官员，这是根据安徽会馆特征总结出的特殊分类方式，同时也影响了安徽会馆的建筑形态。

  历史无法重演，我们看不到安徽会馆发展的过程以及安徽人在建立会馆时所经历的艰辛，我们只能通过将安徽会馆分布与中国的地形地势相互对应，绘制出安徽会馆在全国范围内的分布图，以推断安徽人所经路线，总结出安徽会馆主要沿长江和运河及其支线分布这一特征，并将其概括为"长江为轴，运河为线"和"以长运交汇处为中心向外扩散，呈环形放射状递减"。

安徽会馆建筑虽有地域之隔、时间之差、南北之别，但是都或多或少地汲取了具有安徽代表性的徽派建筑元素，形成"原乡性符号的在地性表达"，如天井式院落、"室外见砖不见木，室内见木不见砖"的结构形式、马头山墙、八字牌楼式入口以及特色的石雕、砖雕、木雕等。而文、商、军、仕四种不同类型的安徽会馆在共性的基础上具有其个性特征。

谨以此书为安徽会馆建筑研究抛砖引玉，而安徽会馆建筑中仍蕴藏着数不尽的财富宝库亟待发掘。

英汉汉英词典

ENGLISH-CHINESE
CHINESE-ENGLISH
DICTIONARY

最新版 NEW EDITION

主编 李德芳 姜兰

四川辞书出版社